청소녀 백과사전

낮은산 너른들 002 청소녀 백과사전

글쓴이 김옥 | 그린이 나오미양 | 2006년 10월 30일 처음 찍음 | 2025년 5월 1일 열네 번 찍음
펴낸곳 도서출판 낮은산 | 펴낸이 정광호 | 편집 정우진 | 디자인 하늘·민 | 제작 세걸음
출판 등록 2000년 7월 19일 제10-2015호 | 주소 10881 경기도 파주시 회동길 216, 202호
전화 02-335-7365(편집), 02-335-7362(영업) | 팩스 02-335-7380
홈페이지 www.littlemt.com | 이메일 littlemt2001ch@gmail.com | 인스타그램 @little_mt2001
제판·인쇄·제본 상지사 P&B

ⓒ 김옥, 나오미양 2006

ISBN 978-89-89646-27-3 73810

✻ 잘못 만들어진 책은 바꾸어 드립니다.   ✻ 책값은 뒤표지에 표시되어 있습니다.
✻ 이 책 내용의 일부 또는 전부를 재사용하려면 반드시 저작권자와 도서출판 낮은산 양측의 동의를 받아야 합니다.

청소녀 백과사전

김옥 동화집 | 나오미양 그림

낮은산

높은 구두를 신고도 넘어지지 않아요

    처음으로 교과서가 아닌 책을, 그것도 만화책을 보았을 때의 충격을 잊을 수가 없어요.
    '세상에 그림으로만 된 책이 있다니.'
    병풍 속 그림에서 살그머니 나온 선녀가 집안의 모든 일을 다 해치우고는 다시 병풍 속으로 들어간다는 내용이었는데, 아직도 몇 장면은 눈앞에 펼쳐진 듯 생생해요. 그 뒤로 나는 만화 가게에서 살다시피 했지요. 그러다 자연스레 다른 책들에게도 관심을 가지게 되었고 닥치는 대로 책을 읽었어요.
    생각해 보면 지난날 나는 무엇이든 쉽게 좋아하고 감동하고 믿어 버리는 탓에 상처도 잘 받았어요. 기쁠 때는 너무나 기뻤고, 슬플 때는 지구가 온통 흔들리는 것처럼 슬펐지요.
    속상하고 아플 때는 제 상처를 핥는 강아지처럼 책을 들고 구석으로 파고들었어요. 책을 읽다 문득 고개를 들면 둘레는 어느새 어둑해져 있고 내 마음은 부드럽게 가라앉아 있곤 했지요. 그렇게 책이 주는 힘으로 세상 밖으로 나가 씩씩하게 살곤 했답니다.

책과 함께 어루만져 간 그 모든 상처들은 내 마음속에 온갖 무늬를 아로새겨 놓았고, 나를 조금씩 강하게 만들었어요. 그래서 나는 씩씩한 어른이 되었습니다. 이제는 높은 구두를 신고도 넘어지지도 않는답니다. 넘어지면 벌떡 일어나 훌훌 털어 낼 줄도 알지요. 다 어릴 때 읽은 책들 덕이랍니다.

앞으로 내가 쓰는 글도 내게 와 준 고마운 책들처럼 우리 친구들의 상처를 넉넉히 어루만져 주는 글이 되기를 간절히 기도합니다.

지난 모든 것들을 그리워하며   김옥

차례

야, 춘기야 · 9

김마리 이야기 · 33

벨이 울리면 · 73

착한 아이 · 85

청소녀 백과사전 · 105

철이 데리고 수학여행 가기 · 135

비밀 정원 · 157

야,
춘기야

"춘기야, 야, 춘기야."

꿈결처럼 부르는 소리가 들렸다.

"방에 있는 거 다 아니까 문 열어. 아직 초저녁이야."

하지만 껌처럼 들러붙는 잠을 떨쳐 내기란 정말 힘들다. 다시 경계선을 넘어 잠의 세계로 달아나려는 순간, 책상 위에 있던 내 휴대폰이 울리기 시작했다. 벌떡 일어나 전화를 받았다.

"여보세요?"

"춘기 너 방에 있으면서 왜 대답 안 해. 얼른 문 안 열어?"

엄마가 건 전화였다. 엄마는 거실에서, 그리고 내 휴대폰 속에서 소리쳤다. 할 수 없이 문을 열자 엄마는 내 방문에 몸을 기대고 있었던 듯 휘청거리며 들어왔다. 짧게 자른 머리가 위로 다 뻗쳐 있다.

"대체 방문은 왜 꼭꼭 걸어 잠그는 거야. 아이구 더워. 그리고 방 좀 치워라. 이게 다 뭐야."

"아휴 또."

잔소리다. 나는 그대로 침대에 벌렁 누워 버렸다.

"혹시 너 내 허리띠 안 가져갔어?"

"내가 엄마 허리띠를 어떻게 알아? 그리고 왜 내가 춘기야. 멀쩡한 이름 놔두고."

나는 화를 내며 이불을 확 뒤집어써 버렸다. 그러자 엄마 목소리가 조금 누그러졌다.

"니가 그러니까 춘기지. 사춘기. 에구 나도 사춘기 딸을 처음 키워 보는 거라 힘들다. 내가 자랄 때는 어른들 말도 잘 듣고 진짜 열심히 공부만 한 것 같은데."

엄마는 내 방 전신 거울에 요리조리 얼굴을 비춰 보더니 한숨을 푹 쉬면서 말했다.

"하여간 엄마 영어 학원 가서 공부하고 운동하다 오면 늦을지 모르니까, 너도 텔레비전만 보지 말고 수학 문제집 오늘 거 다 풀어 놔. 알았지? 대신 저녁은 피자 시켜 먹어."

나는 벌떡 일어나며 말했다.

"또? 오늘 급식에서도 스파게티 나왔단 말야. 나 김치찌개 끓여 주고 가면 안 돼?"

"야, 춘기야, 너 참 이상하다. 다른 애들은 라면이나 피자 먹고 싶어서 안달이라는데, 넌 엄마 힘든 거 안 보이냐? 하루 종일 돈만 세다 왔더니 손가락이 다 저리다."

엄마는 매니큐어 바른 손가락을 피아노 치듯 허공에 두드리며 말했다.

"아무튼 내일 아침은 네 소원인 김치찌개 꼭 끓여 줄게."

엄마는 현관문을 '쾅' 닫고 허겁지겁 나갔다, 가 아니라 다시 벨을 눌렀다.

"휴대폰, 엄마 휴대폰 좀 주라, 깜박 잊을 뻔했네."

내가 휴대폰을 가져다주자 엄마는 웃으며 말했다.

"야 춘기야, 공부는 하면 할수록 재미있더라. 중간고사도 얼마 안 남았으니까 그만 누워 있고 공부해라, 응?"

내가 아무 말도 안 하니까 엄마는 나가려다 말고 한마디 덧붙였다.

"내가 몸은 나가지만 마음은 네 곁에 남겨 놓고 갈 테니까 올 때까지 자지 말고 공부해. 응? 아이스크림 사 올게."

그러고는 또 문을 '쾅' 닫고 나가 버렸다.

한바탕 전쟁이라도 치른 것 같다. 하긴 엄마의 생활 자체가 전쟁이긴 하다. 엄마는 낮에는 은행에서 돈을 세고, 밤이면 영어 학원에다가 운동까지 다닌다. 엄마는 늦게 하는 공부가 재미있다고 한다. 그러면서 가을이 되자 부쩍 나까지 들볶는다.

"중학교 가서 꼴등하면 안 되니까 지금부터 공부 열심히 해 둬."

왜 중학교까지 미리 걱정해야 하는지 이해가 안 가는 나는 요즘

'멋 내기'라는 심오한 학문에 푹 빠져 있다. 정확히 말하면 '어른 흉내 내기'라고 해야 할 것이다. 내가 장담하는데 이건 우리를 성공적인 삶으로 이끈다는 공부보다 훨씬 재미있다.

나는 맘에 드는 엄마 허리띠를 몰래 차고 다닌다거나 엄마 샌들을 끌고 학교에 가기도 한다. 그런데도 엄마는 학교에서는 내가 모범생인 줄 알고 있다. 하지만 난 그냥 모범생인 척할 뿐이다. 그 가면을 쓰고 있으면 선생님이나 어른들을 대할 때 편하기 때문이다.

문제아인 애들도 진짜 속까지 문제아인 것은 아니다. 다만 그 애들도 그게 편하니까 그런 척할 뿐이다. 어른들만 속고 있지 애들은 다 아는 사실이다.

모범생이 피자를 시키기 위해 전화기에 손을 대자마자 전화벨이 먼저 울렸다.

"누구냐? 예린이냐?"

"아, 할머니."

내가 좋아하는 외할머니다. 어릴 적 엄마가 바빠서 할머니 댁 과수원에서 자라던 시절이 있었다. 그때는 엄마 없으면 큰일 나는 줄 알던 나이였다.

사과 따느라 바쁜 할머니에게 칭얼댈 때면 할머니는 말하곤 했다.

"아가, 할머니랑 껌 사러 가자."

그래서 지금도 그렇게 내가 껌 씹는 걸 좋아하는 걸까? 그건 잘 모르겠지만 확실히 아는 건 지금은 엄마가 곁에 있으면 불편할 때가 많다는 거다. 특히 내 방에 불쑥 들어와 힐끔 책상 위를 살필 때면 정말 짜증난다.

"우리 예린이 잘 있었지? 엄마는 아직 안 왔어?"

"아니, 왔다가 학원에 갔어."

"우리 예린이만 혼자 놔두고? 쯧쯧, 날마다 바빠서 큰일이다."

할머니는 혀를 찼다.

"할머니 내일 너희 집 올라간다고 엄마에게 전해라."

나는 전화를 끊고 전화를 걸었다.

"피자 한 판 가져다주세요."

한참 뒤 저녁 식사가 도착했다. 모자를 푹 눌러 쓴 청년이었다. 나는 안방 쪽을 보며 해외 취재 나가서 지금도 사진 찍느라 바쁠 아빠를 불렀다.

"아빠, 신발장 위에 있는 돈 줄게요."

그러자 청년은 공손하게 인사를 하고 나갔다.

"맛있게 드세요."

피자 먹을 때 빠져서는 안 될 것이 있는데, 그것은 바로 리모컨이다. 피자를 먹을 때는 꼭 텔레비전을 봐야 할 것 같기 때문이다. 그래서 피자 조각과 리모컨을 들고 차가운 가죽 소파로 올라갔다. 텔레비전에서는 낯선 사람들이 웃고 떠들고 있었다. 왠지 모르게 기분이 나빠졌다.

"빨리 어른이 되면 좋겠어. 그러면 혼자 있어도 심심하지도 무섭지도 않을 거야."

나는 피자 조각을 우물거리며 단짝 윤선이에게 휴대폰 문자를 보내기 시작했다.

나 내일 그거 할래 너도 그거 같이 하자

다음 날, 1교시 수학이 끝날 때쯤이었다. 담임이 분필을 들고 칠판으로 돌아서는 순간, 나도 필통 지퍼를 열고 휴대폰을 꺼냈다. 뒷문 쪽에 앉은 윤선이에게서 문자가 온 것이다.

'그거'에 대해 할 말이 있으니 '휴게실'에서 만나자고 했다. 나는 윤선이 쪽을 보며 웃어 주었다. 그러고 나자 수학 시간은 더 지겹게 느껴졌다. 마침내 쉬는 시간이 되어 따뜻한 물도 나오고 음악이 흐르는 우리들의 휴게실, 여자 화장실로 달려갔다. 윤선이는 다짜고짜 나를 끌고 맨 끝 칸으로 들어가더니 온갖 머리 모양을 한 사람들의 사진을 꺼내 보였다.

"우와 많다. 언제 다 모은 거야?"

"네 문자 받자마자 우리 엄마 미장원에 가서 잡지를 살짝 들고 와 오렸지."

"철저히 준비해 왔네."

"예린이 너 맘 변할까 봐 그랬다. 그런데 너 그거 하면 너희 엄마한테 혼날 텐데. 괜찮겠어?"

"걱정 마. 먼저 나가 봐. 나 소변 좀 보고 나갈게."

갑자기 긴장된 나는 엄마 허리띠를 만지며 말했다.

학교가 끝나고 집에 들러 엄마 샌들로 갈아 신은 뒤 대형 할인점으로 갔다. 그리고 우리가 원하는 것을 샀다. 계산을 끝내고 그것을 손에 넣는 순간 정말 신났다.

아파트 엘리베이터 앞에서 윤선이가 큰 소리로 말했다.

"엘리베이터 타지 말고 그냥 계단으로 가자."

윤선이 목소리가 여느 때보다 커졌다. 특히 우리 집 앞에서는 내 어깨를 치면서 큰 소리로 웃었다. 우리 집 위층에는 연호가 살고, 연호는 윤선이가 좋아하는 남자 친구이기 때문이다.

모든 음모는 늘 비어 있는 우리 집에서 이루어진다. 윤선이랑 공포 영화 비디오를 빌려다 보는 곳도 우리 집이고, 떡볶이나 라면 끓여 먹는 것도 우리 집이다.

당연히 오늘 하기로 한 그거 즉, 머리 물들이기라는 엄청난 행사를 치르는 곳도 우리 집이다.

나는 엄마 샌들을 벗어 던지며 소리쳤다.

"얼른 염색하자, 얼른."

"잠깐, 설명서를 잘 읽어 봐야 해."

그리고 설명서에 써 있는 대로 머리 염색을 하기 시작했다. 재미있는 장난 같았다. 서로 깔깔대며 머리에 염색약을 발라 주고 비닐 같은 걸 뒤집어썼다.

소파에 다리를 꼰 채 앉아 있으려니 미장원에 온 손님 같은 기분이 들었다.

역시 지식은 경험에서 나온다.

머리 염색할 때 필요한 것은 바로 커피였다.

옆에 점잖게 앉아 있는 손님에게 물었다.

"손님, 기다리는 동안 커피라도 한 잔 하시겠어요?"

"네, 원원투예요."

커피 프림 한 숟갈 그리고 설탕 두 숟갈이라는 소리다.

웃음을 꾹 참고 얼른 커피를 탔다. 염색약이 얼굴에 흘러내렸지만 주인답게 의젓하게 행동했다.

"드시지요."

우아하게 마시려는데 위층 연호네 집에서 연호 엄마 악쓰는 소리가 들렸다. 아무래도 오늘 연호 녀석 또 혼나나 보다. 반쯤 비닐에 덮인 윤선이 귀가 토끼처럼 쫑긋거렸다.

커피를 마시고 손톱 발톱 스무 개에 매니큐어를 바르자 시간이 다 되어 머리를 감았다. 드라이어로 말리고 나서 거울을 보았다. 갈색 머리를 한 낯선 두 여자 아이가 서 있었다. 가발을 뒤집어쓴 것 같았다.

학교 화장실에서 봤던 연예인 사진 가운데 하나를 꺼내 머리 색깔을 견주어 보았다.

"똑같은 것 같기도 하고, 아닌 것 같기도 하고."

"더 멋진 것 같기도 하고, 예쁜 것 같기도 하고."

우리는 한꺼번에 큰 소리로 웃었다. 웃고 나자 두려웠다. 놀이는 끝났고 모험만 남았다.

오후에 엄마가 여느 때보다 훨씬 일찍 집에 들어왔다. 엄마를 맞이할 마음 준비가 끝나기도 전에 와 버려서 나도 놀랐지만, 엄마도 내 모습에 어지간히 놀랐나 보다.

한참을 입을 벌린 채 바라보더니 비명처럼 소리를 질렀다.

"머리 꼴이 그게 뭐야? 누가 우리 딸 머리를 그렇게 만들어 버렸어? 누구야 누구?"

"아니야, 엄마. 내가 집에서 했어."

내가 기어들어 가는 소리로 말하자 엄마의 짧은 머리카락이 일일이 곤두서는 것 같더니 눈동자가 커질 대로 커졌다.

"너 미쳤구나? 학생이 염색을 다 하고."

"윤선이도 했는데."

내 말대꾸에 엄마는 불같이 화를 내기 시작했다.

"집에서 하라는 공부는 안 하고 잘한다. 응? 그리고 매니큐어는 왜 발랐어? 너 지금 한 것 내 허리띠 맞지? 도저히 참을 수 없어. 날마다 엉뚱한 짓이나 하고."

엄마는 내가 차고 있던 허리띠를 휙 빼앗아 가더니만 또다시 소리쳤다.

"휴대폰도 압수야! 내가 너만 한 나이 때는 공부만 하고 책만 읽었다. 도대체 누굴 닮아 엉뚱한 궁리만 하는 거야?"

휴대폰을 뺏기고 나자 억울해서 눈물이 다 나왔다. 더 이상 참을 수가 없어 소리쳤다.

"엄마도 화장하고 파마도 하잖아."

"나하고 너하고 같아? 나는 어른이고 너는 학생이잖아."

"그럼 엄마처럼 바쁘다는 핑계로 딸 밥도 잘 안 챙겨 주는 거는 엄마 노릇 잘하는 거야?"

나는 울면서 소리쳤다.

"내가 누구 때문에 이렇게 열심히 사는데……."

"누군 누구야 엄마가 좋아서 엄마 인생 사는 거지. 나는 바보처럼 공부만 하면서 살고 싶지 않아. 해 보고 싶은 것은 다 하면서 살 거야. 그리고 절대로 엄마처럼은 살지 않을 거야."

엄마 눈이 휘둥그레졌다.

짧은 순간 커다란 눈 가득 눈물을 글썽이더니 내 등짝을 세게 후려치며 말했다.

"난 애들이 어른한테 대드는 꼴은 죽어도 못 봐. 하여간 검은 염색약 사다 다시 염색할 거니까 그런 줄 알아."

나는 내 방에 들어가 문을 걸어 잠그고 엉엉 울었다.

'집 나가 버릴 거야. 혼자서도 얼마든지 살 수 있어.'

한참 뒤 엄마가 현관을 나가는 소리가 들렸다.

'검은 염색약 사러 가는 건가?' 하는 생각이 들었지만 나가 보지는 않았다.

한참 있다 화장실로 가 세수를 했다. 거울 속에는 어른도 아이도 아닌 갈색 머리가 서 있었다.

'어서 저 낯선 애와 친해져야 할 텐데.'

한참 뒤 돌아온 엄마는 혼자가 아니었다. 지하철역에 가서 외할머니를 모셔 온 것이다.

엄마는 내게 눈을 흘기며 말했다.

"할머니한테 인사도 안 해?"

할머니를 보자 즈금 기분이 풀어진 나도 함께 눈을 흘겨 주고는 할머니에게 매달렸다.

"할머니. 히잉."

짧은 은발에 잘 익은 사과처럼 발갛게 그을린 할머니는 날 보고 활짝 웃으셨다. 서툴게 칠한 빨간 입술이랑 울퉁불퉁 검은 눈썹이 꼭 애들이 물감 잔뜩 묻힌 붓으로 장난쳐 놓은 것 같다. 피식 웃음이 나왔다.

"아이고 우리 예린이 공부하느라고 힘든가 비쩍 말랐네."

그러자 엄마가 입을 삐쭉이며 말했다.

"공부는 무슨, 멋 내느라고 정신없대요. 저 귓진 머리 좀 봐."

그런데 할머니는 오면서 이미 엄마에게 이야기를 들으셨나 보다.

"생각보다 잘 들였네. 우리 예린이가 영리하고 손재주가 좋아."

"손재주 좋으면 뭐 해. 그럴 시간 있으면 공부나 하지. 이따 염색약 사다가 검게 물들여 버려야지."

그 말에 다시 화가 난 나는 엄마를 노려보며 말했다.

"그럼 나 집 나가 버릴 거야."

"나가라, 누가 무서워할 줄 알고."

엄마는 눈 하나 깜짝하지 않는다. 정말 인정 없는 엄마다.

"놔둬라. 너도 중학교 때 연탄집게 달궈서 머리 파마한다고 태워 먹고 온통 난리 친 적 있잖아? 벌써 잊어버렸냐?"

"정말? 할머니 그게 정말이야?"

내가 되묻자 엄마는 당황하면서 말했다.

"어휴, 엄마는 애 앞에서 그런 소리 하면 어떡해."

그러더니 그 뒤로는 신기하게도 내 머리 염색에 대한 말은 쏙 들어가 버렸다. 아무래도 엄마의 성장 과정에 뭔가 숨겨진 비밀이 있는 것 같다.

우리는 셋이서 식탁에 둘러앉아 저녁을 먹었다. 그리고 할머니가 가져온 사과를 먹었다. 사과는 단물이 줄줄 흘렀다.

할머니는 엄마랑 함께 안방에서 자기로 했다.

나는 할머니를 졸랐다.

"할머니 나랑 같이 자. 응?"

"우리 엄마다. 왜 빼앗아 가려고 그래?"

엄마가 마음이 많이 풀렸는지 농담을 했다.

결국 할머니랑 엄마랑 나는 거실에 나란히 누웠다. 우리는 사이좋게 텔레비전을 보았다. 엄마는 시골 동네 사람들 안부부터 할머니네 똥개 백호의 소식까지 묻더니 피곤한지 이내 코를 골며 잠이 들었다. 기다리던 순간이었다.

나는 엄마 잠든 걸 확인하고 할머니에게 소곤소곤 물었다.

"할머니, 엄마는 나만 할 때 공부만 했어?"

그러자 할머니가 잠이 묻은 소리로 말했다.

"누구? 니 엄마가?"

"응, 공부가 너무 재미있어서 멋도 안 부리고 죽으라고 공부만 했대. 그래서 나는 엄마 딸 같지가 않대. 엄마 닮은 구석이 하나도 없어서 그렇게 놀 궁리만 하는 거래."

"아이구, 별소리를 다 한다. 내 새끼가 어때서. 사과처럼 예쁘기만 하구만. 힝, 저 클 때는 안 그랬나? 그때 남학생들이랑 빵집으로 들판으로 극장으로 얼마나 쏘다니던지 내가 학교도 한번 불려 가고 진짜 속 썩었는데 그건 까맣게 잊었는가 보다."

"정말? 엄마가 그렇게 할머니 속을 썩였단 갈야?"

할머니는 아차 했는지 입을 다물더니 얼른 덧붙였다.

"아니, 뭐냐 저, 그게 아니고, 그래도 네 엄마는 형제들 중에 가장 인정이 많았어. 속 썩일 때도 있었지만 용돈 모아서 선물도 사다 주고 과수원 일하고 오면 등도 주물러 주고 애교도 부리고 하던 건 네 엄마였단다."

엄마의 비밀이 드러나 버렸다. 그동안 나만 감쪽같이 속았다. 역시 얼른 어른이 돼야 한다.

"할머니 나도 얼른 어른이 되면 좋겠어. 어디든 맘대로 가고 내 맘대로 다 해 볼 거야."

그러자 할머니는 웃으며 말했다.

"암, 그래야지. 우리 예린이는 잘할 수 있을 거야. 할머니는 우리 예린이를 믿어요. 무엇이든 하고 싶은 것은 다 해 보고 세상을 돌아다녀 보렴. 그런데 예린아, 사과는 오랫동안 충분히 익어야 달고 맛있단다. 햇빛도 맘껏 쬐고 별빛도 맘껏 받고 비도 맞고 바람도 받고 이슬도 먹고, 먹고……."

"……?"

이상해서 보니 할머니는 어느새 잠들어 있고 엄마의 코 고는 소리만 요란하다.

'엄마는 그래 놓고 나한테는 그렇게 거짓말을 했단 말야?'

자는 엄마 모습을 보니 이상하게도 화가 나기보다 피식 웃음이 나왔다. 엄마에게도 나와 같은 시절이 있었던 것이다. 아무래도 집 나가는 것은 잠깐 뒤로 미뤄야겠다.

할머니랑 할머니 속에서 나온 엄마랑, 엄마 속에서 나온 나는 나란히 누워 그렇게 잠이 들었다.

할머니는 닷새 동안 우리 집에 머물렀다. 엄마가 더 있으라고 졸랐지만, 할머니는 이제부터는 열심히 사과만 따야 하는 때가 됐다고 했다.

우리 집에 온 이튿날, 할머니는 여러 종류의 김치를 담그고 김치찌개를 끓였다. 엄마는 할머니에게 편안한 신발을 한 켤레 사 드렸다. 그 다음 날, 할머니는 된장찌개를 끓이고 골고루 밑반찬을 만들었다. 엄마는 할머니를 모시고 안경점으로 가 안경을 맞춰 드렸다. 또 그 다음 날, 할머니는 오리탕을 끓이고 엄마랑 나는 할머니 머리를 염색약으로 검게 물들여 드렸다. 그리고 사과보다 더 빨간 옷을 한 벌 사 드렸다. 할머니는 점점 젊어졌다.

"역시 우리 엄마 음식 솜씨가 최고야."

할머니가 끓여 준 오리탕을 먹으며 엄마는 젊어진 할머니 앞에서 어린애처럼 어리광을 부렸다. 나는 확실히 알았다.

'우리 엄마도 누군가의 딸이구나.'

그리고 정확히 닷새째 되는 날 할머니는 내려갔다. 닷새는 엄마와 나의 몸과 영혼이 회복되기에 충분한 시간이었다.

할머니를 지하철역까지 바래다 준 엄마는 자전거를 꺼내더니 말했다.

"야, 춘기야 우리 들꽃 공원으로 운동하러 가자."

엄마는 내가 좋아하는 초록 껌 하나를 내밀었다. 엄마가 내미는 껌 하나에 마음이 열린 나는 인라인 스케이트를 신고 따라나섰다.

"우리 누가 잘 타나 시합할까?"

"당연히 내가 이기지. 엄마는 절대 내 속도를 따라올 수 없을걸."

"그러니까 이 엄마가 서툴러서 넘어질 때면 네가 좀 봐 줘라. 응?"

"그건 내가 엄마에게 하고 싶던 말이라고. 아참 내가 엄마 머리도 빨갛게 염색해 줄까?"

그러자 엄마 자전거가 휘청거렸다. 엄마는 얼른 균형을 잡더니 내게 눈을 흘겼다. 나는 큰 소리로 웃었다.

우리는 들꽃 공원을 신 나게 돌았다. 함께 '딱딱' 소리 내어 씹는 껌 소리가 경쾌하게 울려 퍼졌다. 꼭 이중창 같았다.

김마리 이야기

이름에 담긴 뜻

내 이름은 김마리.

'마리'는 아빠가 실업고등학교 다닐 때 담임이었던 스승님을 찾아가 지어 온 이름이라는데 우두머리, 즉 으뜸가는 사람이라는 뜻을 담은 '머리'의 옛말이라고 한다. 물론 이름에 담긴 뜻이야 한없이 깊지만 애들 사이에서는 놀림감 되기 딱 좋은 이름이다. '한 마리 두 마리 세 마리.' 하거나 '김말이 김밥말이.' 하면서 말이다.

특히 분식점에라도 가면 친구들은 신 나서 이렇게 소리친다.

"야 김마리, 너도 떡볶이에 김말이 넣을 거지? 아줌마 김말이 하나 더 추가요."

그럴 때마다 함께 웃어 버리고 말지만 어릴 때만 해도 울면서 집에 온 적도 있다.

"꼬리도 아니고 머리라니 일 등이란 뜻이잖아. 일 등이 얼마나 좋은데 그래?"

도저히 말이 통하지 않는 엄마 대신 아빠에게 쪼르르 달려가면 아빠 또한 사람 좋게 웃으면서 나를 번쩍 안고는 턱수염으로 내 볼을 비벼 대며 말하곤 했다.

"내 딸 이름이 어디가 어때? 나는 예뻐 죽겠고만."

그렇게 이름 때문에 피곤한 나날을 보내던 내게도 이름 덕을 보는 기적과 같은 일이 생기는 날이 왔다.

그날은 6학년이 되고 첫날이었다.

유난히도 추운 날씨 때문에 종종걸음을 치며 6학년 12반 교실로 들어서니 아는 얼굴이라고는 하나도 보이지 않았다. 5학년 때까지도 그림자처럼 붙어 다니던 다래와 소미는 같은 반이 되었는데 나만 뚝 떨어지고 말았다.

우울하게 뒤쪽 창가에 앉아 있으려니 김시은이 들어왔다. 별로 친하게 지내는 사이는 아니지만 그래도 반가웠다. 애들을 보니까 몇 명 말고는 전혀 모르겠다.

새 담임은 나타나지 않고 우리는 낯선 긴장과 추위에 떨며 한참을 있었다. 그리고 마침내 문이 열리고 나타난 선생님은 뜻밖에도 아주 젊은 남자 선생님이었다. 선생님을 본 순간 나는 깜짝 놀라고 말았다. 어디선가 많이 본 얼굴이었기 때문이다.

'도대체 어디서 봤을까?'

그럴 듯하게 염색한 옅은 포도주 색 머리랑 눈썹 그리고 부끄러

운 듯 웃는 저 입술 모양, 분명히 낯이 익은데 아무리 생각해도 기억이 나지 않는다.

그런데 놀랍게도 선생님은 학교 선생님이 된 지 겨우 하루밖에 되지 않았다고 했다. 세상에! 선생님이 된 지 하루밖에 되지 않았다니. 나는 내 귀를 의심했다. 누군가가 방금 사서 상표도 뜯지 않은 새 옷 같은 선생님을 우리에게 보내 준 것이다.

나는 조마조마했다. 혹시 교장 선생님이 나타나 잘못 배달된 선물이라고 빼앗아 가면 어쩌지? 우리는 모두 새 선생님에게 반하고 말았다. 애들 표정만 봐도 알 수 있다. 초록과 노란색이 섞인 넥타이를 맨 귀여운 모습을 보면서 나도 감격하여 중얼거렸다.

'초등학교를 오 년씩이나 참고 다닌 보람이 있네.'

그동안 단 한 번도 남자 선생님을 만난 적이 없었는데 새것처럼 반짝거리는 남자 선생님이라니! 마침내 학교가 내게도 인심을 쓰는가 보다. 교실에는 정적이 흘렀고 선생님은 '큼큼' 헛기침을 했다. 그 모습조차 사랑스럽고 친근한 느낌이 들었다. 선생님도 우리처럼 긴장이 되나 보다.

"일 년 동안 너희들의 좋은 친구가 되어 줄게. 너희들도 나를 도와줘야 해. 함께 재미있게 지내자."

귀여운 사람이 귀엽게 말하니까 더 귀엽다. 첫인상은 합격이다.

선생님은 칠판에 자기 이름을 커다랗게 쓰기 시작했다.

'최지민' 선생님.

맘에 든다. 내가 좋아하는 순정 만화의 주인공처럼 멋진 이름이다. 최지민 선생님은 들고 있던 종이를 펼치더니 우리 이름을 부르기 시작했다.

"내 이름을 알려 줬으니까 너희들 이름도 알아야지."

"어휴."

그 순간 나도 모르게 한숨이 나왔다. 선생님에게 잘 보일 기회도 없이 웃음 꼴이 되게 생겼다. 아니나 다를까 1번부터 이름을 불러 가던 선생님이 "김마리." 하고 내 이름을 부르자 아이들이 와르르 웃었다.

"김말이래 김말이."

선생님도 웃음 가득한 눈으로 나를 보았다.

그러더니 고개를 푹 숙인 내게 물었다.

"이름 누가 지어 주셨니?"

"아빠 고등학교 때 담임선생님요."

"그래?"

선생님은 꽤나 놀라는 눈치였다.

"이제까지 들어 본 수많은 이름 중에 가장 멋진 이름이야. 정말 맘에 들어. 마리란 말이지."

선생님은 내 이름을 여러 번 중얼거렸다.

"마리, 마리."

그러자 놀라운 일이 일어났다. 선생님이 가만히 중얼거리자 내 이름은 점점 더 아름다운 울림으로 퍼져 나갔다. 정말로 반짝반짝 빛나는 특별한 의미를 담은 것처럼 느껴져 나조차도 눈부실 지경이었다.

'특별한 존재 마리.'

태어나서 처음 나는 마리라는 내 이름이 아주 마음에 쏙 들었다. 물론 새로 만난 선생님도 마음에 쏙 들었다.

선생님과 만난 지 일주일이 지났다.

선생님은 처음 약속처럼 우리들을 친구처럼 대해 줬다. 선생님 밥 먹는 모습도, 웃는 모습도 심지어는 찡그리는 모습까지도 다 예쁘고 귀여웠다. 선생님과 함께 배우는 수학 1단원의 '분수와 소수'는 너무나 쉬웠다.

그렇게 지겹던 사회도 과학도 재미있어지려고 했다. 학교에 가는 것이 즐거워지기 시작했다는 말이다. 얼마 되지 않는데도 낯선 별에서 온 어린 왕자처럼 선생님은 우리 모두를 사로잡았다.

아침에 학교 운동장에 들어서면 음악이 울려 퍼진다. 그럼 소풍이라도 온 것처럼 마음이 설렌다. 우리 선생님이 방송 반을 맡은 뒤로는 교실에는 아침마다 모차르트 음악이 흐른다. 교육대학 다닐 때 음악을 전공했다는 선생님은 모차르트를 가장 좋아한다고 했다.

선생님은 우리들이 점심을 먹을 때도 모차르트 음악을 틀어 줬다. 음식을 소화시키는 데는 모차르트만큼 좋은 소화제가 없다고 했다. 그리고 모차르트가 주인공으로 나오는 영화도 보여 줬다. 〈아마데우스〉라는 영화였다. 영화 속의 모차르트는 장난꾸러기였다. 그래서일까 선생님도 우리에게 장난치기를 좋아했다. 나도 모차르트를 좋아해 봐야겠다. 선생님이 좋아하는 건 나도 좋다.

그리고 또 한 번의 기적이 일어났다. 첫날 선생님이 기억해 준 내 이름 덕인지 내가 부반장이 된 것이다. 학급 임원이 된 건 초등학교 들어 온 뒤로 처음 있는 일이었다. 물론 나는 반장이나 부반장에 나갈 생각은 조금도 없었다. 오랜 세월 지켜본 결과, 애들에게 인심이나 잃고 힘들기만 한 게 임원이라는 걸 잘 알기 때문이었다. 나가 봤자 뽑힐 자신도 없고 말이다. 그런데 반장 투표가 끝나고 부반장을 뽑을 때 금방 반장으로 뽑힌 시은이가 내 이름을 불렀다.

"김말이 계란말이를 추천합니다."

아이들이 책상을 치며 웃었고 나는 깜짝 놀라 시은이를 보았다.

'아휴, 저게.'

엄숙하던 교실 분위기가 일순간 확 뒤집어져 버렸다. 아이들은 축제인 양 투표를 즐기기 시작했고 엉겁결에 추천을 받은 나는 기권할 틈도 없이 압도적인 표차로 부반장에 뽑혀 버렸다. 순식간에 일어난 일이었다. 당선 인사말을 하라는데도 실감이 나지 않아 그저 "뽑아 줘서 감사합니다." 하고 말았다.

　집으로 돌아갈 때 선생님이 웃으며 말했다.

　"새 반장 인사해야지."

　시은이의 힘찬 구령에 맞춰 아이들이 "안녕히 계세요." 하고 외치자 선생님도 외쳤다.

　"참 참, 잠깐만. 너희들에게 줄 선물을 깜박 잊었네."

　"선물? 무슨 선물인데요?"

　선물이라는 말에 아이들이 나가다 말고 선생님을 보았다. 선생님은 웃으며 텅 빈 뒤 게시판을 가리켰다.

　"너무 썰렁하지? 오늘 가서 가족 신문이라도 하나씩 만들어 오면 좋겠어. 뒤에다 붙여 놓게."

　"그런데 선물은 어디 있어요?"

　남자 애들이 소리치자 선생님이 웃으며 말했다.

　"그게 선물이야 숙제 선물, 하나씩 좀 해 오라. 부탁할게."

　"에이."

아이들은 어이없다는, 그러나 유쾌한 표정을 지으며 교실을 빠져 나갔다. 사랑스러운 남자가 숙제도 정말 귀엽게 낸다.

가족끼리 외식

그렇게 생각지도 않은 부반장 감투를 쓰고 집에 돌아가자 엄마는 엄청 좋아했다. 기뻐서 눈물까지 글썽이는 거였다. 하긴 중학생이자 우리 집 장남인 승수 오빠도 못해 본 학급 임원을 내가 맡아 왔으니 좋아할 만도 하다.

"가만히 있으려고 해도 가슴이 벌렁벌렁 뛰네. 가만, 그런데 이걸 누구한테 자랑하지? 아, 그렇지."

엄마는 아빠에게 전화를 걸었다.

아빠는 집 가까운 곳에서 '첨단 선진 종합 건축 설비 기재 상사'라는 기다란 간판이 달린 가게를 한다. 그곳에서 아빠가 하는 일은 많다. 고장 난 수도꼭지나 막힌 화장실도 펑펑 잘 뚫고, 금이 간 욕조도 감쪽같이 고치고, 자전거 펑크도 때우고, 울지 않는 뻐꾸기시계까지도 고친다.

"여보 바빠?"

"왜 전화했어?"

"왜는 왜야? 할 말이 있으니까 했지. 그런데 오늘 손님은 좀 들어?"

"손님은커녕 개미 새끼 한 마리 안 지나간다. 그런데 왜? 왜 전화했는데?"

아빠 목소리는 유난히도 커서 전화기 너머로 우렁우렁 흘러넘친다.

"아니 뭐 별건 아니고, 마리가 지네 반 부반장에 뽑혀 버렸다네. 내년에 중학생 되니까 공부해야 하는데 잘한 일인지 모르겠네."

엄마는 괜히 시큰둥하게 말했다.

"부반장? 우리 마리가 부반장이 됐어? 야, 우리 딸 대단해. 이름값을 톡톡히 하네. 반장 다음이니까 이 등 맞지?"

"뭔 소리야, 반장이나 부반장이나 다 임원이니까 공동 일 등인 거지. 그러니까 당신 오늘은 일찍 들어와. 쓸데없이 조기 축구 회원들 만나지 말고 가족들끼리 외식이라도 해야지."

"암, 당연히 일찍 간다."

내가 옆에서 끼어들었다.

"엄마 우리 외식할 거야? 뭐 먹을 건데."

"마리 너 좋아하는 삼겹살이나 곱창 먹을까?"

"그런 거 말고 다른 거 먹으러 가면 안 돼?"

"다른 거 뭐?"

김마리 이야기 43

"음, 좀 고급스러운 거. 멋진 음악도 흐르고 그러는 식당에서."

"멋진 음악? 아무튼 네가 승수 오빠한테 전화해. 함께 저녁 먹으러 가게 지금 오라고."

엄마가 옷을 갈아입으면서 말했다.

승수 오빠는 멀쩡한 자기 방 놔두고 집 앞 독서실에 가서 공부하다 열두 시 넘어서야 돌아온다. 집에서는 시끄러워서 죽어도 공부가 안 된단다. 그러고는 밤 두 시가 넘도록 공부를 한다고 문을 잠근 채 무언가를 하는데 아침이면 일어나지도 못해서 아침밥은 대충 때우고 가기 일쑤다. 그래서 아침마다 우리 집은 한 수저라도 더 먹이려는 엄마와 오빠 때문에 조용할 날이 없다.

나는 독서실에 있는 오빠에게 전화를 했다.

"오빠 바빠?"

"왜 전화했어?"

"왜는 왜야? 할 말이 있으니까 했지. 그런데 오늘 공부는 잘돼?"

"공부는커녕 졸려 죽겠다. 그런데 왜? 왜 전화했는데?"

오빠 목소리도 아빠만큼이나 커서 전화기 너머로 우렁우렁 울려 퍼진다.

"아니 뭐 별건 아니고, 내가 부반장에 뽑혔다고."

"뭐? 정말이야? 네가 부반장이 됐다고?"

"응 그래서 아빠가 가족들끼리 저녁 먹으러 가자니까 일찍 오라고."

"뭐 먹으러 갈 건데?"

"아직 몰라."

"어떡하지? 아직 한 과목도 못 끝냈는데."

"그럼 못 오는 거야?"

"잠깐, 졸리니까 갔다 다시 독서실 올까?"

"올 거야?"

"그런데 아까 아래층 편의점에서 삼각 김밥이랑 바나나 우유 사 먹었는데."

"그럼 안 올 거야?"

"어떡하지? 갈까? 지금 또 먹으면 살찌는데."

나는 슬슬 짜증이 나기 시작했다.

"아이 참, 그러니까 올 거냐고 말 거냐고?"

"안 가!"

오빠는 전화를 뚝 끊어 버렸다. 아휴, 아무튼 제멋대로다.

"못 온대?"

엄마가 옷을 다 입고 나오며 물었다.

"삼각 김밥이랑 바나나 우유 사 먹었다는데."

"내가 네 오빠 땜에 못 살겠다. 그러다 위장병이라도 걸리면 어떡하려고 그러는지."

 엄마는 당장이라도 독서실로 달려가 오빠를 끌어 내려 푸짐하게 한 상 차린 뒤 한바탕 먹이고 싶은 마음을 꾹 눌러 참고 부반장이 된 딸의 손을 잡고 집을 나섰다. 행여나 아빠가 또 조기 축구회 사람들 만나고 오느라 늦어질까 봐 조바심이 난 것이다. 엄마와 내가 가게로 들어서자 아빠는 활짝 웃으며 우리를 반겼다.

 "내 언젠가는 이런 날이 올 줄 알았다니까."

 그날 결국 우리 가족이 간 곳은 아빠랑 같은 조기 축구회 회원이자 부회장으로 수고해 주시는 김선덕 아저씨네 정육점 겸 식당이었다. 우리는 그곳에서 삼겹살을 구워 배가 터지도록 먹었다.

 그런 뒤 간 곳은 정육점 옆 노래방이었다. 역시 조기 축구회 회원이자 총무인 조연성 아저씨가 운영하는 곳이었다. 노래방에 들어서자마자 아빠는 리모컨을 잡더니 777번과 888번 그리고 999번을 잇달아 예약했다.

 엄마가 가장 좋아하는 나훈아라는 가수 아저씨 노래 번호였다. 엄마는 텔레비전을 보면서 졸다가도 그 아저씨 노래만 나왔다 하면 눈을 번쩍 뜨고는 따라 부르곤 한다. 아빠가 그 가수와 꼭 닮은 목소리와 몸짓으로 노래를 멋지게 부르자 감격한 엄마는 벌떡 일어나더니 아빠 품에 안겨 다정하게 춤을 추기 시작했다.

노래라면 누구보다 자신 있고 빠지지 않는 나도 노래 책을 뒤적이기 시작했다.

"혹시 내가 좋아하는 모차르트 노래 있나 봐야지."

하지만 모차르트가 만든 노래는 단 한 곡도 없었다. 멋지게 연습해 둔 뒤에 선생님과 애들 앞에서 뽐내면 좋을 텐데 아쉽다. 할 수 없이 요즘 나온 신곡을 이것저것 부르는 것으로 만족해야 했다.

한 시간 삼십 분이 후딱 지나가 버렸다.

당연히 삼십 분을 더 연장해서 마지막으로 나훈아 노래를 목이 터져라 합창한 뒤에 우리는 그곳에서 나와 집으로 간 게 아니라 찜질방에 갔다 왔다.

집에 돌아와 보니 늦게 온다던 오빠가 어느새 와서 컴퓨터를 하고 있다가 고개도 돌리지 않고 시큰둥하게 묻는다.

"또 삼겹살 구워 먹고 노래방 가서 나훈아 노래 부르고 왔지? 안 봐도 뻔해."

우와, 진짜 도사다. 어떻게 알았을까?

"오빠도 여태 공부 안 하고 컴퓨터만 하고 있었지? 안 봐도 뻔해."

"야, 인터넷 수업 강의도 들었다고, 넘겨짚지 마."

"쪼끔?"

그날 밤 결국 가족 신문 숙제는 하지 못하고 말았다.

눈뜨고 봐요

다음 날, 애들은 가족 신문을 거의 다 만들어 왔다.
"멋지다. 수고했어."
선생님은 그 애들을 칭찬해 줬다. 나는 선생님의 따뜻한 눈길을 받는 그 애들이 부러웠다. 저건 내가 받아야 하는 눈길인데…….
3교시 체육 시간이었다. 교실에서 늦게 나가는 내게 선생님이 씩 웃었다.
'웃는 저 모습, 진짜 누구랑 닮았는데 누구지?'
답답해하는 내게 선생님이 모차르트 음악처럼 부드럽게 말했다.
"교무실 가서 체육 창고 열쇠 좀 가지고 운동장으로 와. 부탁한다 부반장."
부반장은 바람처럼 달려 교무실 열쇠 보관함으로 가서 창고 열쇠를 꺼낸 뒤 운동장으로 달려 나갔다. 눈부시게 하얀 운동복을 입은 선생님은 바람에 휘날리는 머리칼을 한번 쓰다듬어 정리하더니 씩 웃었다. 만화 속 주인공처럼 멋지다.
"고마워. 마리."

나는 감격하여 속으로 중얼거렸다.

'반드시 오늘 집에 가서 가장 멋진 가족 신문을 만들어 낸다.'

나의 왕자님에게 인정을 받을 수 있는 절호의 기회다.

학교가 끝나자마자 나는 문방구에 들러 도화지를 한 장 샀다.

"그냥 집으로 가는 거야. 가는 거야."

마음을 독하게 먹고 중얼거렸지만 나도 모르게 발길은 문방구 앞 비디오 가게로 들어서고 있다. 빨간 앞치마를 두른 비디오 가게 아줌마가 금방 나온 만화책을 내게 내밀었다.

"네가 기다리던 만화 7탄 나왔다. 오늘쯤은 들를 줄 알고 내가 다른 사람 안 빌려 주고 특별히 숨겨 두었지."

내 입이 저절로 벌어졌다. 기분이 좋았다. 이만하면 나도 특별 우대 고객이다. 그동안 이곳에 갖다 바친 많은 돈이 하나도 아깝지 않았다. 나는 번개처럼 달려 집으로 왔다. 가방도 신발주머니도 아무렇게나 집어 던지고 만화부터 펼쳐 들었다.

만화 속 남자 주인공과 여자 주인공은 여전히 멋있었다. 나는 내가 주인공이라도 된 듯 푹 빠져 신 나게 만화를 보고 있는데 현관 문 열리는 소리가 들렸다. 이크, 엄마다. 나는 얼른 만화부터 숨겼다.

"또 만화 빌려다 보고 있었지? 안 봐도 뻔해."

하여간 우리 가족들 투시력 하나는 대단하다.

"무슨 소리야, 공부하고 있었는데."

"아이고 공부는 므슨 공부."

나는 그만 히죽 웃으며 말했다.

"엄마, 만화 7탄 나왔어."

그러자 엄마 얼굴이 확 풀리더니 달까지 부드러워진다.

"그래서? 빌려 왔냐?"

"응 여기."

내가 숨겨 놨던 단화를 내놓자 엄마가 휙 차가려 했지만 실패했다.

"우선 만화 보실 값 천 원부터 주셔야지요. 어머니."

엄마는 내게 눈을 흘겼다.

"왜 천 원이야? 겨우 사백 원에 빌렸으면서."

"빌려 온 수고비."

"알았어. 다음 달 네 용돈에 함께 줄게."

"안 되겠는데요. 그때 가서 또 딴소리할 게 뻔하니 지금 주세요, 네?"

나는 기어이 천 원을 받아 들고서야 만화책을 엄마에게 넘겼다. 엄마는 만화책을 들고 거실 소파에 드러눕고 나는 내 방으로 들어와 책상 앞에 앉았다. 가족 신문을 만들기 위해서였.

먼저 사 가지고 온 도화지를 반으로 접었다. 그러자 네 면이 나왔다.

"그런데 네 면이나 무슨 내용으로 채우지?"

막막해진 나는 심심할 때면 하는 버릇대로 머리카락 한 올을 잡고는 정신없이 꼬기 시작했다. 순간 기발한 생각이 떠오르기 시작했다.

4면 신문이니까 우리 가족들 이야기를 한 면에 한 사람씩 공평하게 채워 가는 거다. 1면은 아빠, 2면은 엄마, 3면은 오빠, 4면은 나.

"좋다. 1면 제목, 사랑하는 우리 아빠."

의욕에 넘친 나는 사인펜을 들고 1면을 향해 돌진하다 말고 멈칫했다. 가족들에 대해 진지하게 생각해 본 적이 한번도 없었기 때문이다.

"아빠에 대해 내가 알고 있는 것이 과연 얼마나 될까?"

1면에 등장시켜야 하는 우리 아빠는 동네 아저씨들에게는 인기가 많지만 단 한 사람, 엄마에게만은 별로 인정을 받지 못한다.

"너희 아빠가 실속 없이 남에게만 다 퍼 주는 바람에 오늘날 내가 이 모양 이 꼴이다."

내가 봐도 그 말이 맞긴 맞다.

아빠는 수도꼭지나 고무호스를 사러 손님들이 들어서면 값을 깎아 달라고 하기도 전에 팍팍 깎아 줘 버리고 외상까지 해 준다. 엄마가 기막히다는 듯이 혀를 차면 아빠는 웃으며 말하는 것이다.

"사모님, 이게 바로 경영 전략이라는 겁니다. 그래야 다음에 그 손님이 다시 우리 첨단 선진 종합 건축 설비 기재 상사로 오지 않겠어요?"

그러는 아빠의 취미는 이종 격투기 관람이다. 아빠는 텔레비전에서 이종 격투기를 하지 않는 날이면 아홉 시만 지나도 곧바로 잠자리에 든다. 아침 일찍 조기 축구회에 나가기 위해서다.

신문도 스포츠 신문 아니면 쳐다보지도 않는 우리 아빠는 십 년째 조기 축구회 회원이자 회장도 두 번이나 했다. 아빠랑 함께 축구를 하는 정육점 김선덕 아저씨랑 총무인 노래방 조연성 아저씨는 틈만 나면 아빠 가게로 몰려와서 축구 이야기와 군대 이야기 그리고 마지막에는 정치인 흉을 보면서 침 튀기도록 흥분하곤 한다.

그러면 2면에 등장하실 우리 엄마는 어떤가?

아빠가 잠들면 엄마와 나는 거실 바닥에 신문지를 깐 채 라면을 끓여 먹거나 국수를 삶아 먹거나 만두를 구워 먹거나 오이라도 깎아 먹으면서 텔레비전 미니 시리즈를 본다.

엄마랑 나는 텔레비전 드라마 보는 취향이 비슷해서 다른 드라마를 보겠다고 싸우는 법이 없다. 엄마는 요즘 새로 시작한 드라마 남자 주인공에게 빠져 있다. 돈 많은 재벌 2세에 춤도 잘 추고 노래도 잘 부르는 그 남자 주인공이 멋지다는 거다.

"보면 볼수록 바람둥이같이 잘생겼네."

작고 찢어진 눈에 성질까지 나쁜 그 남자를 뭐가 좋다고 하는 건지 알 수가 없다. 엄마는 거의 텔레비전 속 그 남자를 따라 들어갈 듯 고개를 내밀고 빠져 있다. 그럴 때면 아빠가 잠들어서 다행이다. 나는 차라리 불치병에 걸린 불쌍한 여자 주인공이 좋은데 말이다. 덜렁대고 늘 그 남자에게 당하는 모습이 마치 우리 오빠에게 당하는 나처럼 불쌍해서 말이다.

그런 우리 엄마가 요즘 만화책 말고도 읽는 책이 생겼는데 그 책의 제목은 〈나는 이렇게 속았다〉이다. 사기꾼들에게 속은 사람들의 경험을 모아 놓은 다섯 권짜리 책인데 엄마가 인터넷을 하다 알게 되어 주문한 책이다.

"미리 알아 두고 절대 속지 말아야지."

하도 엄마가 푹 빠져 읽기에 나도 읽어 봤는데 세상에는 남을 속이는 사기꾼들이 너무나 많았다. 그 책을 조금밖에 읽지 않았는데도 어른이 되는 것이 겁날 정도였다. 아무래도 〈나는 이렇게 속지 않았다〉라는 책도 있는지 인터넷을 샅샅이 뒤져 봐야겠다.

자, 그리고 우리 집의 장남, 자랑스런 중학생 김승수 군.

아빠를 닮아 산처럼 덩치가 큰 오빠는 무엇이든 유난스러워서 공부할 때도 엄청 요란하게 한다. 중학교 2학년이지만 오빠 시험 기간이면 온 가족이 숨도 쉴 수 없을 정도로 조용히 해야 한다. 내가 내 방에서 노래만 불러도 자기 방에서 시끄럽다고 짜증을 부리니까 말이다.

엄마랑 나는 작은 목소리로 대학 입시 때는 얼마나 요란할지 벌써 걱정된다고 흉을 보곤 한다. 그렇게 요란을 떨지만 오빠 성적은 신기할 정도로 딱 중간이다. 자기 반 40명 중에는 20등이고 전체 600명 중에는 300등이다. 음, 공부 이야기는 이쯤 해 두자. 내 성적도 중간에서 헤매는 정도니까 말이다.

내 짐작이지만 우리 엄마 아빠도 공부를 그렇게 잘한 건 아닌 듯하다. 머리 좋은 것도 유전이라고 들었는데 그런 부모님 밑에서 자식들이 천재나 수재일 리가 없다. 그래서 나도 중간인 내 성적에 별 고민 없이 짊어져야 할 운명이려니 하고 산다.

아무튼 숨도 못 쉬고 살던 우리 가족들은 오빠가 독서실에 다니게 된 뒤로 살아났다. 아빠는 평소보다 더 크게 유선 방송을 틀어 놓고 신 나게 이종 격투기를 보면서 한쪽 엉덩이를 들고는 방귀도 '북북' 잘 뀐다.

'참, 그런데 선생님이 이런 내용을 다 읽어 볼 텐데 어쩌지?'

나는 갑자기 고민에 빠졌다. 사랑하는 나의 선생님께는 좋은 내용만 보여 드리고 싶은데 이런 우리 가족들의 모습을 신문에 그대로 쓸 수는 없다. 한참을 고민하던 나는 마침내 신문에 우리 가족 이야기를 적어 가기 시작했다.

우리 가족은 모차르트를 좋아합니다.
아빠는 모차르트에 대해 아는 것도 많습니다. 그래서 아침이면 우리 집에는 모차르트 음악만 울려 퍼집니다. 빨간 앞치마를 두른 아빠는 맛있는 요리를 만들어 상을 차린 뒤 엄마와 나를 깨웁니다. 아빠의 바다 가재 요리 솜씨는 끝내 줍니다.

"이쯤에 아빠 얼굴을 그리면 좋겠지?"
나는 기다란 다리에 갈색 머리 아빠를 그려 넣었다. 만화 속 남자 주인공처럼 눈 속에 별을 담고 웃고 있다.
기분이 좋아진 나는 점점 더 멋지게 이야기를 꾸미기 시작했다.

엄마는 집 안을 멋지게 꾸미는 분입니다. 미술을 전공한 사람이라 그런지 엄마의 미적인 감각은 정말 뛰어나거든요. 그래서 우리 집은 얼마 전 아름다운 집으로 뽑혀서 잡지에 나오기도 했답니다. 우리 집에 놀러 오세요. 아참참, 엄마는 '샤갈'이라는 화가도 좋아합니다.

나는 이층 집 앞에서 환하게 웃는 엄마 모습을 그려 넣었다. 긴 파마머리를 살짝 묶은 언니같이 젊은 엄마였다. 그리고 그 아래 함께 뛰노는 강아지 뽀뽀도 그려 넣어 줬다.

> 사랑하는 우리 오빠는 장난꾸러기입니다.
> 우리는 가끔 싸우기도 하고 장난도 치지만 오빠는
> 정말 친절합니다. 그리고 머리도 똑똑해서 공부도 안 하고
> 놀기만 해도 일 등만 한답니다.

그 옆에 가족들이 함께 테니스를 치면서 웃는 모습을 그렸다. 그럴 듯하게 보였다. 나머지 아래에는 가족들이 좋아하는 것을 적어 나가기로 했다.

> 우리 가족의 취미 : 여행
> 우리 가족은 한 달에 한 번씩은 꼭 여행을 갑니다.
> 때로는 가끔 집에서 쉬고 싶은데 아빠는 다정하게 말합니다.
> "여행을 많이 하면 경험이 많아지지. 그리고 혹시 아니?
> 여행 중에 너의 왕자님을 만날지도."

우리 아빠는
모차르트에 대해
아는 것도
많습니다.

우리 오빠는 공부도 안 하고 놀기만 해도
1등만 한답니다.

엄마는 집 안을 멋지게 꾸미는 분입니다.

한 달에 한 번 있는 가족 여행 중에 나의 왕자님을 만날지도 몰라요.

우리 가족의 운동 : 테니스

하얀 운동복을 입은 아빠는 테니스 선수보다

더 공을 잘 칩니다. 아빠는 온 가족이 함께 할 수 있어서

테니스가 좋다고 말했습니다.

우리 가족의 시간 때우기 : 영화

일주일에 한 번은 온 가족이 영화를 보러 갑니다.

서로가 보고 싶은 영화는 다르지만 주로 오빠와 내가 좋아하는

영화로 결정되곤 하지요. 그럴 때면 아빠 엄마는 옆 자리에

앉아서 영화를 보고 오빠랑 나는 일부러 두 분을 위해

떨어져 앉곤 합니다. 그러나 우리 가족은 다른 때는

절대로 서로 떨어지지 않을 겁니다.

멋을 부려 가며 글씨를 쓰다 보니 눈물이 나올 것 같았다. 절대 신문 속 가족들이 부러워서 그런 건 아니었다. 그냥 이상하게 우리 엄마 아빠에게 미안한 마음이 들었다.

'왜일까?'

마침내 신문 만들기가 다 끝났다. 신문 속의 아빠와 엄마 그리고 오빠까지 한 사람 한 사람이 다 순정 만화 속 주인공처럼 폼 나고 멋

진 가족이 탄생한 것이다. 나는 마지막으로 맨 위에다 커다랗게 신문 이름을 썼다.

'눈뜨고 봐요'

되새길수록 잘 지은 이름이다. 나는 '눈뜨고 봐요' 가족 신문을 소중히 말아 가방 속에 넣었다.

학부모의 도리

다음 날, 내가 자랑스럽게 선생님 앞에 '눈뜨고 봐요' 신문을 내밀자 읽어 가던 선생님 눈이 반짝 빛나더니 아주 한참을 크게 눈을 뜨고 신문을 봤다. 그러고는 확인 도장을 쾅 찍어 주었다. 그 순간 내 마음속에도 선명하게 툴도장이 쾅하고 찍히는 것 같았다. 선생님 마음속에도 내가 이렇게 쾅하고 확실히 찍혔겠지?

"멋진 가족이구나."

선생님은 내 신문을 칭찬하더니 내놓고 들어가라고 했다. 그러더니 점심때 우리들이 운동장에서 놀다 온 사이에 어느새 뒤 게시판에 붙여 놓았다. 나는 가운데 걸린 내 신문이 자랑스러웠다. 애들이 신문에 몰려들었다. 밤새 만든 보람이 있다. 집에 돌아갈 때 선생님이 또 소리쳤다.

"참 참, 잠깐만 이번에도 선물을 또 깜박 잊었네. 이건 부모님께 드리는 선물이다."

"에이 안 속아요. 또 숙제죠?"

"땡, 가정 통신문이야. 진작 나눠 줬어야 하는데 깜박 잊고 있었다. 미안."

내일 오후 두 시에 사 층 다목적실에서 학부모 총회가 있으니 많이 와 주시라는 내용이었다. 우리 엄마는 보나마나 오지 않을 거다. 초등학교 입학식 때 빼고는 학교에 단 한 번도 나타나지 않았던 엄마니까 말이다. 하지만 선생님이 주신 선물이니까 보여 주긴 해야겠지.

밤에 관리실에서 부녀회 회의를 마치고 돌아온 엄마에게 "꽃샘추위 속에서도 봄꽃들이 꽃망울을 터뜨리려 하는 이때"로 시작하는 가정 통신문을 내밀었다. 그러자 엄마가 뜻밖에도 학부모 총회에 오겠다고 했다.

"엄마, 바쁘니까 안 와도 돼."

"아니지 반드시 가야지. 가서 우리 딸 공부하는 것도 좀 보고, 선생님도 뵙고 인사도 드리는 게 학부모로서 당연한 도리 아니냐?"

"도리?"

갑자기 엄마가 학부모 도리를 찾으면서 관심을 보이니까 신기하다. 내가 알던 엄마 모습이 아닌 것 같다. 하지만 이상할 것도 없다. 세상에 어떤 부모가 자식 학교생활이 궁금하지 않겠는가?

오늘도 이종 격투기는 일찍 끝났다. 그래서 아빠는 안방에서 먼저 잠들어 버렸고 엄마와 나는 오빠를 기다리며 나이 든 가수들이 몽땅 나오는 〈가요 만세〉라는 음악 프로를 보았다. 엎드려서 졸린 눈을 한 채 나오는 가요마다 따라 흥얼거리던 엄마가 만족한 목소리로 말했다.

"역시 음악은 가요가 최고야."

그 순간 엉뚱하게도 '눈뜨고 봐요'가 생각났다. 정신이 번쩍 들었다. 엄마가 학교에 오면 틀림없이 뒤 게시판 가운데 붙어 있는 우리 집 가족 신문을 읽어 볼 것이다. 그 속에 나오는 가족들을 보면 엄마는 뭐라고 할까? 갑자기 얼굴이 화끈거려 그만 눈을 감아 버렸다.

"일 났네."

황사 바람 부는 날

다음 날 아침.

학교 가기 전 신발을 신으며 말했다.

"엄마 오늘 학교 안 와도 돼. 진짜 괜찮아."

"무슨 소리야 딸이 부반장인데 당연히 가 봐야지. 총회 날 부반장 엄마가 안 가면 누가 가겠냐? 선생님이 어떻게 생겼는지도 보고."

괜히 말했나 보다. 엄마 결심만 더 굳어졌다. 엄마는 그 누가 말려도 반드시 올 것이다. 부반장 엄마로서 다른 엄마들 앞에 뻐길 수 있는 이 기회를 놓치지 않을 것이다. 나는 괜히 심통이 나서 소리치고 나왔다.

"만화 오늘까지 꼭 갖다줘. 안 그러면 연체료 내야 한단 말이야."

"빌리긴 니가 빌려 와 놓고 왜 엄마 보고 갖다주라는 거야?"

"엄마가 늦게 봤잖아. 그러니까 엄마가 갖다줘야지."

나는 문을 쾅 닫고 집을 나왔다. 찬 바람이 쌩 몰려왔다. 오늘 황사도 아주 심할 거라 하던데. 그래서인지 앞이 뿌옇다.

나는 교실로 뛰어 들어갔다. 뒤 게시판의 가족 신문이 소리치며 나를 반기는 것 같다.

"좀 봐 줘요. 눈뜨고 봐요. 우리는 당신 가족들이라고요."

그러나 그 속에는 내가 전혀 알지 못하는 순정 만화의 주인공들 같은 멋진 가족이 들어 있다. 음악과 미술과 여행하는 것을 좋아하고 먹는 것도 입는 것도 자는 것도 다 우아하고 세련된 모습의, 그야말로 폼 나는 가족들뿐이다.

"오늘 부모님 학교에 오신다고 한 사람 손들어 볼래?"

선생님이 물었다. 몇몇 아이들이 손을 들었다. 나도 어정쩡하게 손을 들었다. 아무러도 '눈뜨고 봐요'가 걸린다.

'괜한 짓을 했나?'

선생님에게 내 거짓말이 드러나는 것도 그렇지만 무엇보다 엄마를 속상하게 하기는 싫다. 사랑하는 우리 엄마니까 말이다. 후회가 몰려오기 시작했다. 수업이 끝날 때마다 이상하게도 마음이 두근거리기 시작했다.

"어쩌지 어떡하지?"

3교시가 끝나자 아이들이 하나 둘 교실에서 나가기 시작하더니 썰물처럼 빠져나갔다. 어학실로 가는 것이다. 외국인 영어 선생님은 애들이 수업 시간에 늦는 것을 아주 싫어한다. 선생님도 어디론가 가고 교실에는 나만 혼자 남았다. 나는 천천히 교실 뒤로 갔다.

"오늘 황사가 심하다고 했는데."

교실 맨 뒤 유리창을 열었다. 기다렸다는 듯이 매달린 커튼이 휘익 창밖으로 날렸다. 뿌옇고 흐린 하늘 아래 거센 바람이 몰아쳤다.

뒤 게시판으로 갔다. 그리고는 내 가족 신문을 슬쩍 만졌다. 아주 '슬쩍' 만졌을 뿐인데 붙어 있던 압정이 툭 떨어지더니 내 신문이 바닥에 훌렁 떨어졌다. 나는 그걸 집어 들고 창 쪽으로 다가갔다. 창문을 닫기 위해서였다.

정신없이 휘날리는 커튼을 안으로 잡아당기자 들고 있던 '눈뜨고 봐요'가 휘리릭 창밖으로 날아가 버렸다. '눈뜨고 봐요'는 잡을 겨를도 없이 사 층 우리 교실에서 떨어지더니 운동장 옆 화단 어딘가로 곤두박질치고 말았다.

"바람이 엄청 세네, 봄바람인가?"

나는 놀라서 중얼거렸다. 하지만 솔직히 속이 다 후련했다. 창문을 닫으면서 나도 모르게 엄마가 즐겨 부르는 노래를 흥얼거렸다.

"연분홍 치마가 봄바람에 휘날리더라."

신 나게 어학실로 달려갔다. 영어는 즐거웠다. 리듬에 맞춰 영어 구호도 외치고 노래도 부르다 교실로 돌아왔다. 교무실에 있다 뒤늦게 온 선생님은 이 빠진 게시판을 보며 "신문 하나가 어디로 가 버렸지?" 하고는 고개를 갸우뚱거렸다. 그러더니 남아 있던 다른 아이의 가족 신문 하나를 가져다 그 자리에 붙였다. 서운하기도 했지만 후련했다.

역시 음악은 모차르트다. 모차르트 음악을 들으며 나의 왕자님과 함께 먹는 점심은 꿀맛이었다. 점심을 다 먹고 앉아 있는데 시은이가 오더니 손을 내밀었다.

"나 오늘 투투야. 선생님이랑 나랑 커플 된 지 22일째 기념일이라고."

착각도 이만저만한 착각이 아니다. 선생님이 저랑 사귀기나 한다고 하겠는가? 나라면 모르지만 말이다.

다른 때 같으면 어림도 없지만 오늘만 봐주기로 했다. 그래서 '옜다. 받아라.' 하면서 200원을 줬다. 20원 주는 애들도 있었지만 2200원까지 주는 애들은 하나도 없었다.

내일은 내가 먼저 선생님과 만난 지 23일째 된 기념일을 챙겨 먹어야지. 나는 시은이 등 뒤에 대고 소리쳤다.

"야, 애들한테 돈 많이 모으면 맛있는 거 사 먹으러 갈 때 나도 데려가야 해."

고등어가 세 마리에 천 원

급식을 먹고 엄마들이 오기 전에 간단히 청소를 했다. 그런 뒤 학원으로 곧장 갔다. 오늘은 일주일에 두 번 수학 학원에 가는 날인 것이다. 학원에서 두 시간 가까이 수학 문제를 푼 뒤 집으로 가는 길, 동네 앞에서 학부모 총회를 마치고 돌아오는 엄마를 만났다.

화장한 엄마 얼굴이 꼭 우리 선생님이 엄청 좋아한다는 샤갈이라는 화가 그림처럼 울긋불긋하다.

"엄마 화장이 왜 그래?"

"왜? 이상해? 그래도 부반장 엄마인데 아무렇게나 하고 갈 수 있냐? 그래서 단장 좀 했다."

엄마는 기분이 좋아 보였다.

"야, 마리야. 너희 선생님 정말 훌륭한 선생님이더라."

"선생님이랑 얘기 많이 해 봤어?"

"얘기? 얘기 할 게 뭐 있어. 척 보면 알지. 처음 본 순간 나는 깜짝 놀랐다니까. 어쩜 그렇게 나훈아 씨를 꼭 닮았냐?"

"나훈아?"

맞다! 이제 확실히 알겠다. 선생님을 처음 본 순간 그토록 낯이 익었던 이유는 바로 우리 엄마가 좋아하는 가수 아저씨를 닮았기 때문이었다. 특히 아랫입술을 깨물면서 웃을 때 모습이 그렇다. 아무래도 오늘 우리 가족은 또 노래방에 갈 것 같은 예감이 든다.

엄마는 잇몸이 다 드러나도록 웃더니 말했다.

"그러니까 너 열심히 공부해. 그런 선생님 만난 건 진짜 영광이니까."

"알았어, 그런데 엄마 손에 든 건 뭐야?"

"응? 이거 운동장에 쓰레기가 돌아다니기에 주워 왔는데 깜박 잊고 안 버렸네. 부반장 엄마가 되니까 그런지 이런 것만 눈에 띄더라."

놀랍게도 그건 내가 사 층에서 날려 보낸 '눈뜨고 봐요' 신문이었다. 뜨끔했다.

"엄마 줘 봐, 내가 버릴게."

"아이고 우리 딸 역시 부반장답다. 선생님도 너를 엄청 좋게 본 모양이더라."

"왜?"

"나를 보자마자 굉장히 반가워하면서 그렇게 훌륭하신 부모님이 계셔서 마리가 그토록 잘 자랐는가 보다고 하더라고. 내가 그때는 그저 웃고만 있었지만 그거야 백 번 맞는 말이지. 너희 선생님 나이는 어려도 사람 볼 줄 알고 진짜 대단한 분이다."

"그치? 그치? 엄마도 그렇게 생각하지?"

엄마에게 우리 선생님 칭찬을 들으니 기분이 좋다. 나는 쥐고 있던 '눈뜨고 봐요'를 힘껏 구겨 버린 뒤 길 옆 쓰레기 더미에 던졌다. 황사 걷힌 하늘이 푸르다.

그때 저 앞에서 누가 열심히 걸어온다. 인절미에 콩고물처럼 엄마랑 늘 붙어 다니면서 전단지 돌리기나 설문지 조사 같은 부업도 함께 하는 춘자 아줌마다.

"언니야, 에이마트 오늘부터 세일이란다. 세상에, 고등어가 세 마리에 천 원이래. 다 팔리기 전에 당장 가 보자."

아줌마 목소리는 얼마나 큰지 온 거리에 울려 퍼진다.

"정말? 알았어. 다리야 너 집으로 곧장 가서 압력솥에 밥 좀 앉혀라. 오빠 독서실 가기 전에 저녁 먹여서 보내지."

엄마는 내게 소리치더니 세 마리에 천 원짜리 고등어를 사기 위해 에이마트로 바람처럼 달려가 버렸다.

엄마가 묵은 김치 넣고 보글보글 끓이는 고등어찌개는 얼마나 맛있는지 모른다. 나는 벌써부터 입 안에 군침이 돌아 집으로 달려가기 시작했다.

벨이 울리면

5교시는 미술 시간.

　찰흙으로 '미래의 도시' 만들기가 오늘의 주제다.

　하지만 주제 파악도 못한 애들은 찰흙으로 장난치기에만 바쁘다. 교실은 먼지와 소음으로 가득하고 담임은 자기 책상에서 무언가 정신없이 일만 하고 있다.

　아, 따분한 6학년 목요일 5교시 미술 시간!

　나는 만들기를 핑계로 여기저기 돌아만 다니는 아이들을 심드렁하게 바라보며 쌀알처럼 찰흙을 잘게 빚어 쌓았다. 뭐 재미있는 일 없을까?

　내 앞의 앞의 옆에는 하늬가 앉아 있다. 내 자리에서는 하늬의 움직임이 한눈에 보인다. 하늬는 빨간 휴대폰을 가진 아이다. 하늬는 찰흙 만들기를 하다 말고 자리에서 일어선다. 단짝 혜란이와 함께 화장실로 손을 씻으러 가는 것이다. 손을 씻고 와서는 담임 몰래 혜란이랑 문자 날리기에 바쁘겠지.

　나도 그만 고개를 돌리고 찰흙 만들기를 하기 시작했다. 얼마쯤 지났을까?

언제 돌아왔는지 하늬가 소리쳤다.

"선생님 제 휴대폰 없어졌어요."

하늬는 그대로 책상에 엎드려 울기 시작했다.

"또 잃어버리면 아빠에게 혼난단 말예요."

하늬는 우는 것이 무슨 귀걸이나 목걸이 같은 장신구쯤 되는 줄 아는가 보다. 무엇이든 울어서 애들 시선을 끌려고만 한단 말야.

아이들 눈이 반짝 빛났다. 왠지 나는 고소했다. 늘 잘난 체하는 하늬 휴대폰이어서일까? 우리는 찰흙덩이를 구석으로 밀어 버렸다. 흙덩어리 주물럭거리는 것보다 백 배나 신 나는 사건이 벌어진 것이다. 뜨거운 흥분과 차가운 긴장이 교실을 감싼다.

누굴까? 누가 집어 간 걸까?

하늬 짝인 설이도, 늘 하늬를 질투하는 바토 뒤의 주은이도, 세라도, 휴대폰을 갖고 싶어 안달을 하던 미리랑 유진이까지 의심이 가는 애들은 너무나 많다.

내 또래 여자 애들 가운데 휴대폰을 싫어하는 애들은 별로 없을 것이다. 휴대폰은 정말 이상하다. 우리에게 그것은 기계 이상이다. 살아 있는 생명체의 눈처럼 빛나는 그것은 끝없이 졸라 댄다. '놀아 줘 나랑 놀아 줘.' 하면서 말이다.

쉬는 시간이 되면 휴대폰을 가진 여자 애들끼리 우르르 화장실로 가거나 사 층 구석으로 올라가곤 한다. 우리는 서로 문자를 보내거나 벨소리를 바꾸거나 게임하기에 바쁘다.

우리 반에는 하늬 말고도 휴대폰을 가진 여자 애들이 열 명이나 된다. 하늬가 가장 먼저 샀고 나는 두 번째로 샀다. 하늬만 아니면 내가 일 등인데. 에구.

과연 담임은 범인을 잡아낼 수 있을까? 나는 흥미진진한 퀴즈쇼 방청객처럼 신이 났다.

담임이 아이들에게 말했다.

"누구 하늬 휴대폰 본 사람."

그러자 여러 아이가 손을 들었다. 물론 나도 함께.

"아니 주운 사람 손들어 보라고."

담임이 조금 큰 목소리로 다시 물었다.

"방송실 가서 방송해 봐요."

"우리가 운동장이랑 복도 나가서 찾아볼까요?"

사태 파악이 느린 남자 애들이 벌 떼처럼 일어나 말했다.

"방금 전까지도 내 손에 들고 있었단 말야."

하늬가 짜증스럽게 외쳤고 참다못해 내가 말했다.

"하늬 휴대폰으로 전화해 봐요. 그럼 벨이 울릴 테니까요."

그러자 그 순간 모든 것이 조용해졌다. 먼지조차 가라앉는 것 같았다.

"맞다. 맞아, 벨이 울리면 범인도 밝혀질 거야."

"전화! 전화!"

아이들은 기대감에 들떠 소리치기 시작했다.

이제 곧 벨이 울릴 것이다.

벨이 울리면…… 벨이 울리기만 하면…….

잔인한 사냥에 대한 기대감으로 우리는 짜릿해졌다.

그런데 담임은 엉뚱하게도 주머니 검사부터 한다고 했다.

"각자 주머니 속의 물건들을 다 꺼내 보세요."

아이들은 짝의 주머니를 검사하기 시작했다. 주머니를 탈탈 털어 보이며 장난치거나 서로 뒤지느라고 한동안 교실이 소란스러웠다. 손거울, 지갑, 기다란 빗, 남자 친구 사진이 든 수첩, 화장품까지 줄줄이 쏟아져 나왔다.

어이가 없어 하품이 나올 것 같다. 담임이 범인에게 휴대폰을 다른 곳에 숨기기에 충분한 시간을 일부러 주는 게 아닌가 의심스러울 지경이다.

"이제 그만."

휴대폰은 나오지 않았고 담임은 이번에는 가방을 모두 칠판 앞으

로 내놓으라고 했다. 가방 검사가 시작될 모양이다. 아이들의 가방 45개가 칠판 앞으로 모아졌다.

"전화를 걸어 봐요. 얼른 전화를 걸어 봐요."

아이들이 답답하다는 듯이 소리 지르기 시작했다.

결국 담임이 말했다.

"모두 눈을 감으세요. 하늬 전화번호가 뭐지?"

우리는 억지로 눈을 감았다. 그러나 절대로 끝까지 눈을 감고 있을 애들은 하나도 없다. 범인이 밝혀지는 순간을 놓쳐서는 안 되니까 말이다. 담임은 자신의 휴대폰을 꺼내더니 하늬 휴대폰 번호를 누르기 시작했다. 아주 짧은 순간 정적이 흐르더니 앞에 모여 있던 가방들 어디에선가 똑똑히 벨이 울렸.

아이들은 탄성을 질렀고 하늬가 말했다.

"맞아요. 제 휴대폰 소리가 맞아요."

담임은 탁 소리 나게 자기의 휴대폰을 닫더니 우리 모두에게 말했다.

"1분단부터 나와서 자기의 가방을 다시 가져가도록."

"왜요? 가방 뒤져서 얼른 휴대폰부터 꺼내야지요."

"다시 전화해 보세요. 얼른요. 가방 더미 속에 있어요."

아이들은 가방을 챙겨 가면서도 모두 어리둥절하여 물었다. 담임이 마치 잡힌 사냥감을 놓아주는 어리석은 사냥꾼같이 보였다.

"그 전에 우선 찰흙 한 덩이씩만 뭉치고……."

담임은 범인 잡을 생각은 하지도 않고 엉뚱하게도 아이들에게 찰흙 한 덩이씩 뭉치라고 하더니 깨끗한 편지 봉투를 한 장씩 나눠 주기 시작했다.

"뭐지? 범인 스스로 반성문을 써서 넣으라는 건가?"

"선생님 이 봉투는 뭐예요?"

아이들이 받아 든 봉투를 치켜들고 웅성거렸다.

"찰흙덩이를 뭉쳐서 그 봉투 속에 넣어 봐."

"찰흙덩이요?"

도둑 잡다 말고 엉뚱한 요구를 해 대는 담임 때문에 아이들은 어리둥절했다.

하지만 이내 히히덕거리며 찰흙을 가래떡처럼 길게 뭉치기도 했고, 책상에 쾅쾅 두들겨 대느라 교실은 소란스러워졌다. 어떤 비밀도 숨겨 줄 만큼 장난기 섞인 소란함이 한바탕 교실을 휩쓸고 지나간 뒤 다들 책상 위에는 찰흙 한 덩이씩 담긴 편지 봉투가 놓였다.

너무 크게 뭉친 찰흙덩이에 찢어질 것 같은 봉투, 찰흙을 너무 적게 넣어 홀쭉한 봉투 모두 제각각이었다. 어쨌든 편지 봉투 45개가 또 칠판 아래로 한 두더기 모아졌다. 어느 것 하나 다르지 않은 똑같

은 하얀색의 편지 봉투.

그러자 담임은 또 자신의 휴대폰을 꺼내더니 하늬 휴대폰으로 전화를 걸었다. 그리고 하얀 편지 봉투 더미에서 벨이 울렸다.

벨소리는 끊임없이 이어지고 또 이어졌다.

"찾았다."

하늬는 봉투 더미 속에서 휴대폰을 찾아 치켜들고 소리쳤다. 보석이라도 찾아낸 것 같았다.

"여보세요? 그거 하늬바람 휴대폰 맞아요?"

담임이 휴대폰에 대고 장난을 쳤고 모두 왁자지껄 웃고 떠들어 대기 시작했다.

담임의 '피가 되고 살이 되는 잔소리'가 끝없이 이어졌다.

"그러니까 학교에 귀중품을 가져오면 안 된다. 가져간 사람도 잘못이지만 잃어버린 사람 잘못도 크다. 그리고 초등학생에게 휴대폰이 무슨 필요가 있냐? 나중에 어른이 되어 모든 걸 가져 봐라. 귀찮기만 하다."

어쨌든 오늘 담임이 범인을 밝히지 않은 건 잘한 일인 것 같다. 오늘 범인은 나일 수도 있었고, 우리 반 누구라도 범인이 될 수도 있었다. 왜냐면 나도 휴대폰이 없을 때는 훔치고 싶을 만큼 간절히 갖고 싶었던 적이 많았으니까 말이다.

그렇게 범인도 잡지 못한 아니, 일부러 잡지 않은 사냥은 싱겁게 끝났고 우리는 또 다시 복도로 다른 반으로 우르르 몰려다녔다.

담임의 꾸중도 여전히 이어졌다.

"너네들 쉬는 시간마다 뛰고 떠들래?"

어휴, 저 잔소리!

어서 빨리 화장실 구석으로 가서 친구에게 문자 보내야지.

착한 아이

온 세상의 꽃이란 꽃은 다 피어 깔깔대던 그 봄날.

나는 한시도 가만히 있을 수가 없었다. 바쁜 엄마나 여동생 현아를 붙잡고 끊임없이 지껄이거나 금세 핑 토라져 논두렁, 밭둑을 돌아다니기 일쑤였다.

세상 모든 일을 다 알아 버린 것 같다가도 한없이 바보 같은 느낌이 들기도 했다.

그 즈음 나는 갑자기 시력도 좋아졌다. 초록 풀 이파리를 건드리고 지나가는 바람의 장난도 눈에 들어왔고, 붉은 노을에 젖어 버린 나뭇가지도 다 보였다.

모든 것이 아름다웠고 모든 것이 슬펐다.

현아가 변덕쟁이 언니라고 엄마에게 이르자 엄마는 부러운 듯, 그러면서도 어딘가 약 오른 듯한 목소리로 중얼거렸다.

"사춘기 왔는가 보다."

사춘기까지 데리고 힘겹던 그 봄이 끝나 갈 무렵이었다.

이른 새벽부터 온 세상이 안개에 덮여 버렸다. 한치 앞도 내다볼 수 없는 엄청난 안개였다. 마치 하늘을 나는 교실 속에 앉아 있는 것 같았다.

괜히 마음이 설렜다. 수업을 하던 선생님이 우리 마음을 읽고는 갑자기 운동장으로 나가자고 하셨다.

"모두 안개 속으로 숨어 버리는 거야."

우리는 소리를 지르며 운동장으로 달려 나갔다. 그러고는 운동장 가득 촘촘히 펼쳐진 안개 그물 속으로 숨어 버렸다. 물고기처럼 퍼드덕거리며 운동장을 헤엄치듯 다니기도 하고 안개를 온몸에 바르거나 먹기도 했다. 그러다 서로를 찾아내고는 즐거워했다.

그때 안개 속에 숨어 있던 어떤 아이와 그만 부딪혔다.

"아야!"

최지홍이다. 늘 아이들 속에 그저 평범한 돌멩이처럼 섞여 있던 그 아이.

그러나 안개 속에서 그 애는 낯설고 이상했다. 앞이마를 덮은 머리칼이 안개에 젖어 있었다. 멋있었다. 그 순간, 갑자기 나는 삼거리 식당집 아들 지홍이가 좋아졌다. 안개 속에서 지홍이는 새로운 아이였다.

 자석에 철가루가 달라붙듯 순식간에 일어난 일이었다. 나도 누군가를 좋아하는 아이가 된 것이다. 책 속의 주인공들처럼.
 우리는 같은 조가 되었다. 이제 지홍이는 평범한 돌멩이가 아니라, 내 책상 위에 놓인 특별한 돌멩이 같은 아이가 되었다.

 같은 조인 우리는 과학실에도 함께 가고 실험도 함께 한다. 음악 시간이 되면 바로 내 뒤에서 노래 부르는 그 애의 숨결까지도 느껴지는 것 같아 나는 뒤돌아보고 싶어 목덜미가 근질거릴 지경이지만 꾹 참는다.

그러다 마침내 뒤를 돌아보면, 그 애는 딴청을 피우는 척한다. 나를 보지 않은 것처럼. 그 애도 나를 좋아하는 것이 틀림없다!

그동안 나는 학교에서 조금 삐딱한 아이였다.

눈부시게 흰 실내화를 신은 아이들 사이에 오직 나만 군청색 슬리퍼를 직직 끌고 다녔다. 앞뒤가 꽉 막힌 실내화는 답답하기 때문이다.

거기다 노랗게 염색한 단발머리를 늘어뜨려 한쪽 얼굴을 온통 가려 버렸다. 그러고는 아이들 몇과 화장실 구석으로만 몰려다니다가 선생님들에게 혼나기 일쑤였다. 그냥 어른들이 싫었고 늘 어디론가 숨고 싶었기 때문이다. 그런 내 모습은 모두에게 구제 불능의 삐딱이로만 보일 뿐이었다.

그러나 내가 우리 집 앞 커다란 교회의 지하실로 향하는 돌계단에서 몇 시간이고 조용히 책 속에 빠져 드는 아이라는 것은 아무도 모른다. 일요일이면 언덕 너머에 내가 좋아하는 그 무언가가 기다리고 있을 것 같아 어두워지도록 들판을 헤매고 다니는 싸돌이라는 것도 아무도 모른다.

지난겨울에는 이런 일도 있었다.

한밤중에 잠이 깬 나는 오줌을 누러 마당에 나왔다. 그런데 눈이

와 있었다. 세상이 온통 하얀 신부처럼 변해 있었다.

아! 그 위로 쏟아지던 달빛은 너무도 눈부셔 왈칵 눈물이 나왔다. 그대로 눈 위에 무릎을 꿇고 앉았다. 그러고는 둥근 달을 보며 가만히 중얼거렸다.

"착하게 자랄게요. 착한 아이가 될게요."

이제 나는 지홍이를 위해서 착한 아이가 되고 싶다. 슬리퍼 짝으로 매를 맞지도 않을 것이고, 무섭도록 조용한 복도로 내쫓기지도 않을 것이다. 선생님의 기분을 맞추는 일은 힘들지만 지홍이 앞에서는 착한 아이의 모습만 보일 것이다.

밤이면 꼬박꼬박 일기도 쓰기 시작했다. 일기 속에 하루 동안의 지홍이 모습을 맘껏 쏟아 넣을 수 있기 때문이다. 그 애가 언제 몇 번 웃었는지, 누구랑 급식을 먹었는지, 그 애의 사소한 말들까지 모든 것이 내 일기의 가장 중요한 내용들이 되었다.

그러다 보니 일기는 내게 기쁨이기도 하면서 새로운 고민거리가 되었다. 바로 동생 현아 때문이다.

"현주 언니, 삼거리 식당집 지홍 오빠 좋아하지? 다 알아. 엄마, 언니가……."

그러면서 엄마에게 달려가면 큰일이다.

화장실에 다녀오면서도 현아가 행여 내 일기를 읽을까 봐 걱정이 되었다. 그래서 나는 고민에 빠졌다. 그러다가 마침내 나만의 암호를 만들어 버렸다. 세종 대왕과 집현전 학자들이 그토록 밤잠을 못 자며 만드신 한글의 자음과 모음을 내가 만든 암호로 다 바꿔치기 해 버린 것이다.

'죄송해요. 세종 대왕님.'

이제 일기장에는 점과 선으로만 된 나만의 비밀 암호가 가득 쓰여졌다. 어떤 때는 내가 써 놓고는 못 읽어 낑낑대기도 하지만 곧 익숙해졌다. 남들이 모르는 새로운 외국어 하나를 익히게 된 것 같았다.

그 뒤로 마음 놓고 일기 속에 내 모든 고민과 비밀을 다 털어놓기 시작했다. 엄청난 비밀이 담긴 내 일기장은 텔레비전 위나 방바닥에도 놓여 있게 되었다. 내팽개쳐진 채 아무렇게나!

그런 비밀 일기 속에는 아빠 이야기도 담겨 있다.

이제 아빠 이야기도 좀 해야겠다. 우리 아빠는 기차 같은 사람이다. 우리들 곁을 아주 빠르게 지나쳐 사라져 버렸다. 지금은 아주 먼 곳 작은 바닷가 도시에 사신다. 일 년 만, 일 년 만 하던 아빠가 우리를 데려가지 않은 것이 벌써 육 년이나 되었다.

아주 어릴 적에는 한밤중에 산타클로스처럼 아빠가 사 들고 오는 장난감들이 좋아서 아빠랑 오래도록 헤어져 살기를 바란 적도 있었다. 그러나 아빠가 없는 것이 얼마나 불편한 일이고 친구들 앞에서 주눅 드는 일인지를 알게 되었을 즈음 아빠는 영원히 엄마랑 우리를 버렸다. 그때 내 마음은 마구 흔들리는 성난 바다였다. 종일 어지럽고 눈물이 나왔다.

내가 나쁜 아이라서 아빠가 떠난 것 같았다. 나는 착한 아이가 되고 싶었다. 착하게만 자란다면 떠나 버린 아빠가 다시 돌아와 줄지 모른다고 생각한 때가 많았다.

그러나 이제 내 마음의 바다는 잔잔하다. 그 바다 속에는 파란 물고기 한 마리가 산다. 물론 그 물고기는 지홍이다. 그 애는 내 마음을 훔쳐 간 마음 도둑이기 때문이다.

마음 도둑, 이 멋진 말도 일기를 쓰면서 내가 발견해 낸 낱말이다. 나는 이 낱말을 쓸 때 으쓱거리며 중얼거렸다.

"어른이 된 것 같잖아."

일기 쓰기는 참 유익한 학습 활동이다. 어른이 되는 지름길이다.

나는 지홍이의 마음을 훔쳐 내는 마음 도둑이 될 것이다. 그날 일기에는 분홍색 느낌표가 비처럼 쏟아져 내렸다.

'지홍아 너를 사랑해!'

며칠 뒤 체육 시간이었다.

선생님은 나오지 않고 대신 우리끼리 체육을 하러 나갔다. 그러나 대낮의 운동장은 무더웠다. 몇몇 남자 애들은 축구를 하고 여자 애들은 피구를 하거나 여기저기 그늘에서 놀았다.

짝꿍인 다솜이랑 나는 아이들에게서 조금 떨어진 곳에 있었다. 우리는 하얀 꽃 이파리를 따서 풀잎 위에 아무 생각 없이 뿌리고 있었다. 그러나 이것은 나의 치밀한 작전이었다. 나는 일부러 다솜이를 아이들이 뜸한 곳으로 유인해 온 것이다.

다솜이는 무슨 비밀을 털어놓든지 다 받아 줄 것 같은 믿음을 주는 아이다. 반 아이들에게 인기도 많다. 가장 중요한 이유는, 다솜이는 지홍이랑 같은 아파트에 살고, 같은 학원에 다닌다는 것이다. 나는 다솜이를 통해 지홍이 정보를 하나라도 더 들어 보고 싶었다.

나는 멀리서 이리저리 공을 굴리는 남자 아이들을 물끄러미 보며 지나가는 말처럼 중얼거렸다.

"지홍이랑 남자 애들, 축구 잘하네."

그러자 다솜이 눈이 백 원짜리 동전처럼 커지더니 나를 빤히 바라보았다. 그러고는 기다렸다는 듯이 얼른 맞장구를 쳤다. 알고 보면 우리 반 남자 애들 중 지홍이가 제일 멋있다고.

나는 아주 크게 웃었다.

그러고는 더 크게 소리쳤다.

"맞아 지홍이는 멋진 아이야."

나는 정답을 말한 다솜이를 안아 주고 싶었다. 지홍이의 가치를 알아보는 애가 또 있었다. 우리는 샴쌍둥이처럼 친밀감이 들기 시작했다. 이제 우리는 함께 붙어 다니고 아무것도 아닌 일에 눈물이 쏙 빠지도록 웃어 댄다. 반 아이들은 모두, 지홍이까지도 우리가 손바닥 속의 호두 두 알처럼 늘 붙어 있다는 것을 알 정도가 되었다.

아주 무더운 날이면 아무것도 할 수 없었다. 주사 바늘처럼 따가운 햇살이 온 세상 가득 꽂히고 있었다.

그럴 때면 나는 바로 우리 집 앞에 있는 교회로 간다. 화강암으로 지어 하얀 성처럼 빛나는 교회는 잔디가 깔린 뜰이 있고, 거기에 잘생기고 오래된 나무들이 여러 그루 서 있다.

나는 교회 뒤쪽의 지하로 통하는 시원한 돌계단에 앉아 책을 읽는다. 돌계단 옆에는 비틀린 채 자라는 볼품없는 나무가 있는데, 이상하게 나는 이 나무가 좋다. 나를 닮은 삐딱이여서 그런지도 모르겠다.

그렇게 한참을 돌계단 위에 앉아 책을 읽다 보면 차가운 기운이 온몸으로 서서히 퍼져 나가고 내 마음속 바다는 잔잔해진다. 그러

면 밑바닥에 있던 파란 물고기가 살랑살랑 움직이기 시작한다. 지홍이가 보고 싶어진다. 과일 속 씨앗처럼 깊이 박힌 그리움이 나를 조급하게 한다.

견딜 수 없어진 나는 당장 집으로 돌아왔다.

'지홍이도 아빠처럼 사라져 버릴지도 몰라.'

나는 내 방의 문을 잠그고 땀을 흘리며 편지를 썼다. 마침내 나도 연애편지라는 걸 쓰게 된 것이다. 전자우편으로 날려 보낼까 했지만, 책 속의 주인공들은 모두 편지를 통해 고백한다. 책에 빠져 사는 내가 책 속 스승들의 길을 따르는 것은 너무도 당연하다.

처음 안개 속에서 너를 발견하던 그날부터 좋아했어.

언제까지나 너의 좋은 친구가 되고 싶어.

그리고 마지막에 이름을 밝힐까 하다가 그냥 '마음 도둑으로부터'라고 했다.

편지를 다 쓰고 나자 방 안의 책상이, 침대가 다 내 발 아래로 가라앉는 것처럼 느껴졌다. 머리가 뜨거워지더니 온몸이 방방 뜨는 것 같았다. 진짜 어른이 되어 버린 건 아닐까?

다음 날 학교에 갔을 때 나는 기회만 살폈다.

그리고 마침내 기회가 왔다. 3교시가 시작될 때였다.

아이들이 우르르 컴퓨터 교실로 달려갔다. 주번인 지홍이는 혼자 남아 칠판을 지우고 있었고, 나는 자꾸만 신발 바닥에 껌이라도 달라붙는 것처럼 느릿느릿 걸어 컴퓨터 교실로 향했다. 그러다 뒤늦게 따라오는 지홍이와 만나게 되었다.

"최지홍."

나는 조심스럽게 불렀다.

그러자 그 애가 나를 보았다.

"이거 읽어 봐."

"그게 뭔데?"

이상하다. 하나도 떨리지 않다.

그래서 나는 장난스레 웃으며 말했다.

"몰라. 어떤 여자 애가 주더라. 너 전해 달라고."

그러자 지홍이는 얼굴이 확 붉어지더니 아무렇지도 않은 척 편지를 받아 들었다. 하지만 앞서 걸어가는 그 애의 발걸음은 너무도 가벼워 보였다.

그날 밤 내 비밀 일기는 여느 때보다 훨씬 길었다. 편지를 주기 전까지의 내 마음, 그 애의 기쁨 가득하던 눈빛, 편지를 받을 때 스친 그 애의 단단한 손가락 느낌까지, 모든 것을 자세히 다 기록해야 했기 때문이다.

그리고 평안하고 깊은 잠에 빠져 들었다.

다음 날 학교에 갔을 때 우리는 특별히 더 친해진 건 없지만 낚싯줄같이 잘 보이지 않는 끈이 우리를 친친 묶어 주고 있는 것 같았다. 뭐랄까. 그 애는 내게 더 친절해진 것 같았다. 구름 방석에 앉은 것처럼 들뜨고 행복한 하루였다.

그리고 그 다음 날이었다.

아주 일찍 학교에 가니 반장인 성규랑 지홍이가 복도 창가에 기대 서 있다. 반가웠지만 모른 척하고 지나가는데 지홍이가 불렀다.

"장현주."

"왜?"

나는 아무렇지도 않은 것처럼 느리게 대답을 하고 돌아섰다.

지홍이는 부끄러운 듯 웃더니 무언가 내민다.

접혀진 하얀 편지다.

마침내 나도 연애편지라는 걸 받는 순간이다. 나는 얼른 편지를 받고 돌아섰다. 내 슬리퍼 끄는 소리가 유난히 크게 느껴지는 것 같아 걱정하면서.

그러자 등 뒤에서 그 애가 말했다.

"이번 주 토요일이 내 생일인데, 장현주 너도 우리 식당집으로 와라."

나는 그 말에 반가워 얼른 물었다.

"토요일이 생일이라고?"

그러자 지홍이가 웃는 얼굴로 고개를 끄덕이더니 또 말했다.

"그 편지도 잘 좀 부탁한다. 그리고 다솜이한테 답장 쓰면 이제 직접 내게 줘도 된다고 말해 주라."

순간 나는 어리둥절했다.

"다솜이가, 왜?"

그 순간 모든 것이 선명해졌다. 눈앞을 가리던 안개가 걷혀 버린 것이다. 지홍이는 그제 전해 준 편지를 내 단짝 다솜이가 줬다고 생각한 것이다.

"그 편지 내가 썼는데……."

내가 망설이다 풀 죽은 소리로 말하자 갑자기 지홍이 얼굴이 차갑게 낯설어지더니 조금 화가 난 듯한 목소리로 물었다.

"야, 장현주, 그럼 마음 도둑이라는 것도 다솜이가 아니고 너였냐?"

나는 가만히 고개를 끄덕였다. 눈앞이 흐려지더니 군청색 슬리퍼가 뿌옇게 보였다. 쥐고 있던 편지만 만지작거렸다.

그러자 옆에 있던 반장 성규가 더 이상 참을 수 없다는 듯이 마구 웃어 대기 시작했다.

"하하하, 이 구제 쿨능 삐딱아. 제발 사람 그만 좀 웃겨라."

저녁 무렵이었다. 비바람이 거셌다.

받쳐 든 검정 우산이 낙하산처럼 날아갈 듯하여 꽉 잡았다. 그러고는 흙탕물이 튀도록 정신없이 교회로 뛰어갔다.

지하 돌계단 옆 삐딱이 나무 아래에 섰다. 나무는 이리저리 비바람에 흔들리고 있었다. 나는 가지고 간 호미를 들고 땅을 파기 시작했다. 빗물에 젖은 머리카락이 자꾸 얼굴에 달라붙어 서늘했다. 얼마쯤 파 들어간 나는 가지고 간 비닐 봉투 하나를 묻었다. 비밀 일기가 담겨 있는 봉투였다.

내 기쁨과 슬픔을 담은 비밀 일기는 그렇게 삐딱이 나무 아래 묻혔다. 이럴 때 눈물이 나와야 책 속의 장면처럼 더 멋있을 텐데, 하필이면 한 방울도 나오지 않는다. 축축한 흙을 두 손으로 긁어모아 구덩이를 메웠다. 훌렁 벗겨진 검정 우산이 저만치 뒹굴고 있었다.

'다시 내 비밀 일기가 빛을 보는 날이 있을까?'

그 생각이 들자 갑자기 마음이 슬퍼져서 더 그대로 있을 수가 없었다. 나는 젖은 나무 아래 무릎을 꿇었다. 지난 눈 오는 밤 무릎 꿇었듯이.

그리고 나직이 중얼거렸다.

"그래도 나는 착하게 자라날 거야. 착한 아이가 될 거야."
비로소 눈물이 주르륵 쏟아졌다.
끝없이 쏟아져 내렸다.

청소녀 백과사전

내 나이 올해로 열세 살, 먹을 만큼 먹었다.

마침내 나도 사춘기에 접어든 청소년, 아니, 청소녀가 된 것이다!

얼마 전까지도 강한 애에게는 강하고 약한 애에게는 더 강한 싸움 대장 박성주를 짝사랑하는 단짝 애리가 바보처럼 보이더니 이제는 조금 이해가 되기도 한다. 좋아하는 마음은 스스로도 조절이 안 된다는 세상 이치 하나를 또 깨달은 것이다.

사실 내가 이렇게 성숙해진 데는 이유가 있다.

이건 비밀인데 내게도 좋아하는 친구가 생긴 것이다. 누군가를 좋아하는 청소녀의 마음에 대해서는 백과사전 한 권 분량보다 더 많은 지식을 갖게 된 것이다.

내가 좋아하는 청소년인 '그 애'는 성주처럼 힘이 세지도 않고, 성주처럼 남자답지도 않고, 성주처럼 용기가 있는 것도 아니고, 성주처럼 인기가 많지도 않다. 오히려 정반대의 아이다.

그 애는 성주와는 달리 부드럽고, 성주와는 달리 조용하고, 성주와는 달리 늘 책을 읽고 있다. 그런 그 애의 모든 것이 좋다. 그런데

정말 이상한 일은 그 애를 생각하려고 하기만 해도 가슴이 엄청 떨려 온다는 사실이다. 정말 용기 없는 모습이다. 그래서 나는 마침내 귀를 뚫기로 했다. 그날은 '젓가락 데이' 하루 전 날이었다.

내 친구들 중에는 이미 귀를 뚫은 애들도 많다. 애리만 해도 2학년 때부터 뚫었다. 물론 내게도 기회는 있었지만 용기가 없어서 뚫지 못하곤 했다. 게다가 귀를 뚫는다는 것은 어른이 되기 위한 통과 의례와 같이 신성한 일로 느껴진다. 나는 멋진 모습으로 변신한 뒤에 내 마음을 젓가락 과자에 담아 그 애에게 고백하고 싶었다. 하지만 혼자는 가지 못하겠다. 역시 용기가 필요했다.

"심경은, 내가 따라가 줄게. 그런 뒤에 젓가락 과자도 함께 사자."

5교시 때 애리가 소곤거렸다. 우리의 속삭임을 듣기라도 한 듯이 담임이 귀걸이를 유난히도 찰랑거리며 말했다.

"내일 젓가락 과자를 단 한 개라도 학교에 가져오기만 해 봐. 무조건 빼앗아 버린 뒤에 내가 다 먹어 치워 버릴 거야."

그 말은 아마 사실일 것이다. 우리보다 겨우 열세 살밖에 많지 않은 담임이지만 한번 말한 것은 꼭 지키는 고집쟁이라는 걸 잘 알기 때문이다. 내일 한바탕 난장판을 펼쳐 보이려는 각오에 들떠 있던 아이들 입이 오리주둥이처럼 튀어나왔다. 나도 그 애에게만은 꼭 젓가락 과자를 주고 싶은데 소용없게 되었다.

'어쩌지? 이번 기호를 놓치면 안 되는데.'

나는 힐끗 창 쪽의 그 애를 보았다. 어김없이 가슴부터 두근거린다. 정말 이상한 증상이다. 그림처럼 앉아 늘 책만 읽는 고리타분한 그 애가 왜 이리도 멋지게 보이는지 나도 알 수가 없다.

드디어 학교가 끝났다. 애리랑 함께 교문을 걸어 나오는데 누군가가 긴 머리를 휘날리며 노란 자전거를 타고 휙 지나간다. 담임이다. 애리랑 나는 동시에 입을 삐쭉였다.

"야, 달려, 달려."

우리는 정신없이 달리기 시작해 기어이 노란 자전거를 추월해 버렸다. 통쾌했다. 파란불이 깜박이는 횡단보도를 건너자마자 분홍 건물이 나오고 우리는 그곳으로 쏙 들어갔다. 온갖 알록달록한 팬시용품을 다 모아 놓고 파는 가게다. 가게에는 젓가락 과자를 사려는 아이들로 북적거리고 있었다.

오늘 나는 세상에서 가장 특별한 젓가락 과자를 하나 골라야 한다. 나의 특별한 그 애에게 줄 거니까 말이다. 그런데 과자를 고르다 말고 애리가 숨넘어갈 듯 재촉하기 시작했다.

"나가자, 얼른, 성주 지나간다. 성주."

애리를 따라 정신없이 가게 밖으로 나와 보니 정말 저만치 성주가 지나가고 있다. 학원이라도 가는 걸까? 애리는 성주를 뒤쫓아 가며 최대한 예쁜 목소리로 불렀다.

"성주야아, 박성주."

그러자 성주가 힐끗 우리를 돌아보았다. 성주는 우리 쪽으로 걸어왔다. 무스를 발라 삐죽삐죽 세워 놓은 머리가 노을빛에 왕관처럼 빛난다.

평소에 나는 성주를 별로 좋아하지 않지만 오늘 거리에서 만난 성주는 약간 멋져 보이기도 한다. 그래서 애리랑 여자 애들이 그토록 좋아하는 것이겠지.

더구나 놀랍게도 젓가락 과자가 가득 담긴 커다란 상자를 들고 수줍게 웃고 있다. 저 정도 크기라면 우리 반 애들이 다 먹고도 남겠다. 역시 박성주다. 담임이랑 또 한바탕 붙을 게 뻔하다.

"어 벌써 샀네? 와 엄청 크다. 그거 누구 주려는 거야?"

애리는 반가워 소리쳤다.

그러자 성주는 당황한 듯이 얼버무리며 물었다.

"응? 이거? 둘이서 어디 가는 거야?"

"경은이 귀 뚫으러."

그러자 성주가 나를 힐끗 보더니 말했다.

"귀 뚫으려고? 내가 아프지 않게 잘 뚫는 곳 알려 줄까? 우리 엄마랑 누나도 거기서 뚫었는데 안 아프다더라."

"정말? 성주야 우리 좀 데려다 줘. 거기가 어딘데?"

애리 말에 성주는 망설이더니 말했다.

"그런데 미안한데 난 진짜 그러고 싶지만 마술 학원 시간이 너무 늦어서 안 돼."

"아 그래?"

맞다. 참, 성주는 마술을 배우러 다닌다. 장래 희망이 마술사다. 학교에도 가끔 카드나 마술 도구를 들고 오는 날이 있고 특별한 행사가 있는 날이면 아이들 앞에서 마술을 선보이기도 한다. 그래서 우리는 거기서 헤어졌다.

성주가 멀어지자마자 애리는 흥분한 목소리로 물었다.

"봤지? 봤지? 누구에게 고백하려고 저렇게 큰 젓가락 과자를 산 걸까? 혹시 너는 짐작이라도 가냐?"

"글쎄 잘 모르겠다."

애리가 흥분할 만도 하다. 저 정도의 젓가락 과자를, 그것도 성주에게서 받는 여자 아이는 아마도 내일 온통 부러움의 대상이 될 테니까 말이다.

"애리 너 주려고 산 것 같아."

이렇게 말해 주고 싶었지만 자신 있게 말할 수는 없다. 성주 주위에는 너무나 많은 여자 애들이 있으니까 말이다. 확실히 아는 것은 애리를 주려고 산 것 같지는 않다는 거다.

우리는 성주가 알려 준 사거리의 건물 안에 있는 금은보석상으로 갔다.

키가 크고 뚱뚱한 주인아줌마는 큰소리를 쳤다.

"아프지 않게 귀 뚫는 거에 대해서만은 아무도 모르는 나만의 비법이 있지."

나는 아줌마도 무섭고 귀 뚫는 일도 너무나 겁이 나서 그대로 도망치고 싶었다.

"나도 뚫었잖아, 모기한테 물리는 것보다도 안 아파."

"정말이지?"

믿을 데라고는 내 단짝 애리뿐이다. 나는 애리 손을 꽉 잡았다. 하지만 귀걸이의 뾰족한 부분이 내 귓불을 뚫고 들어올 때는 너무나 아파서 나도 모르게 그만 비명을 질렀다. 어른이 되는 건 쉬운 일이 아니다.

"우와 예쁘다. 나도 하나 더 뚫고 싶다."

애리는 옆에서 호들갑을 떨었지만 나는 얼얼한 귓불을 감쌌다. 생살을 파고 들어와 달려 있는 귀걸이의 금속 이물감이 자꾸만 머리를 어지럽게 했다. 하지만 오랜 숙제를 해치운 것처럼 후련하기도 했다. 당장 히말라야 산이라도 오를 것처럼 용기가 치솟았다.

'내일 반드시 그 애에게 고백해야지.'

우리는 약국에서 소염제를 산 뒤 다시 아까 그 팬시점에 들어갔다. 팬시점에는 아주 예쁜 귀걸이가 많았다. 기분이 좋아진 나는 큰 소리를 쳤다.

"애리 너도 귀걸이 하나 사 줄게."

"왜?"

"왜는 무슨 왜야? 고통을 함께 나눈 친구에게 그 정도 선물이야 해 줄 수 있지."

애리는 기다렸다는 듯이 아주 비싼 귀걸이를 집어 들었다.

'아휴, 지지배.'

내 용돈의 절반도 넘는 금액을 치르려니 손이 다 떨리는 것 같았다. 우리는 젓가락 과자도 샀다. 애리는 성주에게 줄 과자를 샀고 나는 그 애에게 주기 위해 샀다. 애리가 자꾸 누구에게 줄 거냐고 물었지만 말하지 않았다. 애리 귀에 대고 비밀을 말하는 것은 학교 방송실 마이크에 대고 말하는 것과 같기 때문이다.

집에 들어서자 엄마는 내 귀 뚫은 모습을 보더니 물었다.

"너네 반 다른 애들도 많이 했어?"

"그럼, 요즘 귀 안 뚫은 애들이 어디 있어?"

그러자 엄마는 더 이상 아무 말도 하지 않는다.

오히려 엄마는 다른 애들 다 뚫는 구를 나만 못 뚫은 채 있으면 더 걱정할 것이다. 행여나 내 자식이 귀 하나도 못 뚫는 용기 없는 바보가 아닌가 하고 말이다. 그러면서도 텔레비전에 나오는 문제적인 아이들을 보면 근심스레 내 얼굴부터 살피는 분이 바로 우리 엄마다. 행여나 내 자식도 안 보이는 데서 저런 짓이나 하는 건 아닌가 하고 말이다.

아빠는 아무 눈치를 못 챘다. 저녁 밥상에서도 엊그제 본 내 학원 시험 점수가 언제 나오는지, 얼마나 오를지만 궁금해할 뿐이다.

저녁을 먹고 내 방에 들어와 보니 내 휴대폰에 애리에게서 문자가 여러 개 날아와 있다.

박성주가 누구 주려그 그렇게 큰 젓가락 과자를 샀을까?
왜 하필이면 우리가 팬시점을 가는 그 시간에 거기를 지나간 거지?

드디어 시작이다. 오늘 밤 애리 때문에 잠은 다 잤다. 나는 잽싸게 애리가 원하는 정답을 문자로 보내 주었다. 그렇지 않으면 애리는 밤새 자기가 원하는 답이 나올 때까지 교묘한 유도성 질문으로 나를 괴롭힐 게 뻔하기 때문이다.

혹시 애리 너 주려고? 으악! 부럽당.
아까 학교에서부터 너를 바라보는 눈빛이 심상치 않더라.

애리는 원하는 답을 얻고도 수없이 내게 확인하고 묻고 즐기면서 문자를 보내고 또 보냈다.
마침내 애리와 문자 교류가 끝나고, 늦은 밤 나는 그 애에게 정성껏 카드를 썼다. 젓가락 과자와 함께 전해 줄 것이다. 여러 번 지우고 연습하고 나서야 겨우 그 애에게 쓰는 편지를 다 쓸 수 있었다. 정말 어려운 작업이었다. 물론 내용은 여기에 공개하지 않겠다. 비밀이다.
그리고 침대에 누웠다. 빨리 잠들어야 한다. 빨리.
잠이라는 이 깊고 넓은 강을 건너야만 내일이 된다. 내일이 되면 나는 그 애를 만날 것이고, 그 애를 만나면 고백을 할 것이다. 하지만 잠자는 일은 진짜 힘들었다. 귀에 구멍이 뚫렸기 때문이다. 고개를 어느 쪽으로도 돌릴 수도 없고 오직 천장만 바라보고 잠을 자는 일은 정말 어려운 일이었다. 그러다 귓불이 짓눌렸는지 잠결에도 무척 아팠다.
아침에 일어나 보니 양쪽 귓불이 벌겋게 부풀어 있다. 덜렁거리는 귀걸이가 무거웠다.

'괜히 욕심을 부려서 처음부터 너무 큰 것을 했나?'
역시 어른이 되는 것은 만만치 않다.

애리는 벌써부터 명문 유치원 앞에서 기다리고 있었다. 항상 내가 먼저 나와서 기다리곤 했는데 오늘은 정말 특별한 날이다. 하긴 오늘은 온 나라의 청소년과 소녀들이 온통 난리법석인 젓가락 데이지.
"야, 그런데 성주가 언제부터 나를 좋아한 것일까?"
애리는 나를 보자마자 다짜고짜 물었다. 아, 또 시작이다.
"음, 너는 언제부터 성주를 좋아했는데?"
나도 머리를 굴릴 시간이 필요하다.
"그거야 너도 잘 알다시피 저번 현장학습 때부터지."
애리는 추억의 단맛을 맘껏 음미하는 표정으로 더듬어 간다.
지난가을 우리는 '지지 동물 공원'으로 현장학습을 갔다. 파충류 전시관에 들어갔을 때 성주는 용감하게 유리 울타리를 넘어 갈색 구렁이가 있는 곳으로 훌쩍 뛰어 들어갔다가 나왔고, 담임에게 엄청 혼났다.
하지만 돌아서서 한 건 올렸다는 표정으로 찡긋 웃었을 때 아이들은 와르르 웃어 버렸고, 애리는 그 순간 성주의 또 한 명의 사랑의

포로가 된 것이다.

"아마 그때 성주가 그런 용기를 보인 것도 애리 네가 옆에 있었기 때문일 거야."

이상하게 마음이 들뜬 나는 덤으로 한마디 더 얹어 주었다.

"그렇지? 너도 그렇게 생각하지?"

구름 위에라도 앉은 듯 애리 얼굴이 기쁨으로 물들어 버렸다. 행복에 취한 애리는 더 이상 아무 말도 없었고 나도 그 애가 어디 있나 맘껏 두리번거릴 수 있었다.

운동장에 들어서니 학교가 온통 술렁인다. 우리 교실이 있는 사층 복도가 시장 통처럼 소란스럽다. 아이들은 이리저리 떼 지어 몰려다니면서 과자를 서로 바꾸거나 구경하거나 정보를 주고받았다.

이런 날에도 우리 교실 책상에는 하얗게 학습지가 깔려 있다. 학습지를 하지 않으면 일주일은 청소다. 하지만 오늘 아침 아이들은 벌 청소 따위는 관심도 없다.

다들 다른 반 복도를 기웃거리며 젓가락 과자를 주고받느라 정신이 없다. 담임이 오기 전에 얼른 전달식을 마쳐야 하는 것이다. 나도 덩달아 가슴이 두근거렸다. 그 애는 아직 오지 않았다. 애리는 조바심으로 거의 방방 뛴다.

"참 경은아, 너도 과자 사 왔잖아 누구 줄 거야? 와, 미치겠다. 왜 이렇게 성주가 안 오는 거지? 우리 복도로 나가 볼까?"

하지만 나는 못 들은 척했다. 지금 이 순간은 애리의 가슴앓이보다는 내 귀앓이가 더 심각하다. 나는 애리의 탄식을 듣는 둥 마는 둥 하고 아픈 내 귀만 만졌다. 하필이면 깜박 잊고 소염제를 먹지 않고 왔다. 아무래도 괜히 귀를 뚫은 것 같다. 그 애에게 말을 걸 용기조차 없었다.

'어떻게 하지? 직접 전해 줄까? 아니면 지금 그 애가 없을 때 책상 속에 몰래 넣어 놓을까?'

귓불을 만지며 망설이고만 있는데 성주가 들어왔다. 커다란 젓가락 과자 상자를 들고 들어오는 성주를 보고 여자 애들이 소리를 지르고 난리가 났다.

"성주 좀 봐. 엄청나게 큰 젓가락 과자를 가지고 왔어. 누구를 주려는 걸까?"

옆 반 아이들도 벌써 뒷문에 따라와 있다. 나도 내 고민은 잠시 뒤로 미루고 이 구경부터 하기로 했다.

"아, 나 떨린다. 어떻게 해."

애리가 속삭였다.

내가 귀를 뚫을 때 애리가 내 손을 꼭 잡아 주었던 것처럼 나는 단짝인 애리 손을 꼭 잡아 주었다.

"온다. 온다. 야, 경은아 성주가 내지로 오고 있어 어떻게 해?"

정말 성주는 애리에게로 다가왔다. 덩달아 나까지 떨렸다. 침을 꼴딱 삼켰다. 애리 앞에 선 성주는 오늘따라 더 멋지게 다듬은 삐죽 머리를 만지작거리며 젓가락 과자를 내밀었다.

"받아라."

놀랍게도 젓가락 과자의 주인은 나였다!

성주는 바로 내게 젓가락 과자를 내민 것이다. 여자 애들이 괴성을 질렀고 애리는 책상에 푹 엎드려 버렸다. 믿어지지 않았다. 엉겁결에 과자 상자를 받아 들고 나는 얼떨떨했다. 청소녀 백과사전 어디에도 이런 상황은 나와 있지 않다.

'혹시 잘못 준 거 아냐? 아차 그런데 저기 그 애가 보고 있잖아, 어쩌면 좋지? 이러다 담임이 오면 큰일인데 어디다 숨기지?'

한꺼번에 떠오르는 생각들에 어쩔 줄 몰라 하는 내게 성주가 뻐기듯 말했다.

"야, 심경은. 그거 사느라고 내 한 달 용돈 다 털어 넣었다. 고맙게 잘 받아라."

그러다 그 애랑 눈이 마주쳤다. 그러자 그 애가 고개를 창 쪽으로 돌려 버리는 것이 아닌가? 순간 귓불이 찌르르 아팠다. 앞문이 열리더니 담임이 들어왔다. 나는 허겁지겁 젓가락 과자를 의자 아래로

밀어 넣었다.

'하필이면 이렇게 큰 걸 사 가지고 와서 사람을 난처하게 만드는 거야. 그나저나 애리는 어떻게 하지?'

담임은 흐뭇한 표정으로 말했다.

"우리 반은 조용하네. 아무도 젓가락 과자 사 오지 않았지? 역시 우리 반이야."

하지만 1교시가 끝나자마자 아이들이 우르르 몰려나갔고 옆 반 애들이 뒷문에 몰려와 있었다. 벌써 옆 반에 퍼진 소문으로 다들 구경을 온 것이다. 하루아침에 내 신분은 성주의 여자 친구로 격상되어 있었다. 아이들이 나를 대하는 태도도 달라졌다. 남자 아이들은 눈치를 봤고 여자 아이들은 부러워했다.

'뭐 썩 기분이 나쁘지는 않은데.'

아니 솔직히 성주는 별로지만 성주의 과자는 좋다. 선생님들에게는 눈엣가시 같은 말썽꾼이지만 아이들 사이에서는 용기 있는 영웅 같은 아이니까 말이다.

물론 내 가방 속에는 전해 주지 못한 편지랑 젓가락 과자가 있긴 하다. 하지만 마음을 불편하게 하는 생각들은 이따 다시 천천히 정리해 보기로 하자. 지금 이 상황만으로도 너무나 정신없으니까 말이다.

'그런데 애리는 어쩌지?'

우울한 표정으로 있는 애리는 당장 내 눈을 불편하게 했다.

누군가가 성주가 준 젓가락 과자와 애리 중에 누구를 택할 거냐고 물으면 선택하기 힘들 것 같다. 과자도 좋고 애리도 좋으니까 말이다.

2교시가 끝났을 때 애리는 심해 생물처럼 꼼짝 않고 엎드려 있었다. 애리 옆으로 가고 싶었지만 화를 낼까 봐 모른 척했다. 대신 성주가 내게로 왔다. 그러고는 당연하다는 듯이 내 옆 자리에 턱 앉아 여자 애들이랑 수다를 떨었다.

3교시 과학실에서 실험을 하고 돌아올 때도 애리는 내게 눈길 한 번 주지 않았다. 복도에는 온통 아이들이 버린 젓가락 과자 봉지와 부스러기로 요란했다. 화장실 쓰레기통에도 포장지들이 보기 싫게 버려져 있었다. 조금 우울한 느낌이 들었다.

어떻게 하면 애리 마음을 풀어 줄 수 있을까? 공부 시간에 성주에게서 담임 몰래 휴대폰으로 문자가 날아오기 시작했다.

이따 쉬는 시간에 뭐 할 건데?
점심때 교문 밖으로 뭐 사 먹으러 나갔다 오지 않을래?
이번 시간 진짜 지루하다 그치?

무언가 담임을 속일 수 있다는 것이 짜릿하기도 했지만 이내 짜증이 났다. 성주의 여자 친구 노릇은 힘든 역할일 거라는 예감이 든다. 나는 살그머니 휴대폰 전원을 꺼 버렸다.

다행히도 4교시가 끝났을 때 애리는 마음이 많이 풀린 모양이었다. 친구들이랑 이야기를 나누다 나랑 눈이 마주쳤다. 내가 웃어 주자 애리도 함께 웃었다.

우리는 아무 일도 없었다는 듯이 함께 보건실에 갔다. 부은 내 귓불을 보여 주자 보건 선생님이 알약을 줬다. 약을 먹은 뒤 복도를 뛰어오면서 애리는 대단한 법칙이라도 발견한 것처럼 신 나서 말했다.

"생각해 보니까 경은이 너랑 나랑은 친한 친구지?"

"그러긴 하지."

"그러니까 네 친구는 바로 내 친구이기도 하니까 앞으로 성주는 내게도 특별한 남자 친구가 되는 셈이더라. 맞지?"

"머리 좋네. 그런 걸 다 깨달았단 말이지?"

"그러니까 성주에게 받은 젓가락 과자 절반은 당연히 내 거다. 너, 손도 대지 마라."

"알았다. 알았어."

보건실에 다녀와서 급식 당번인 애리와 나는 나란히 서서 배식을 하기 시작했다. 나는 밥을, 애리는 아욱된장국을 퍼 주었다. 우리의 우정은 다시금 저 아욱된장국의 따끈한 김처럼 모락모락 피어올랐다. 편안하고 기분이 좋다.

그때 나의 특별한 그 애가 우리 앞에 섰다.

왠지 미안한 마음에 나는 누구보다 더 많이 그 애 그릇에 밥을 담아 주었다. 그러자 그 애가 웃었다.

"웃었어 나를 보고."

순간 잊었던 등불이 켜지듯 내 마음이 환하게 밝아지는 것 같았다. 하지만 바로 그 뒤에 성주가 급식을 받기 위해 서 있다. 당황한 나는 서둘러 마음속 등불부터 껐다. 애리는 성주에게 일부러 아욱된장국을 듬뿍 떠 주었다.

그러자 급식 때마다 편식이 심한 성주는 투정을 부리기 시작했다.

"아이 참, 덜어 줘."

"많이 먹으라고 일부러 더 주는 거야."

"난 된장국 싫단 말야."

애리는 웃으며 다정하게 말했다.

"싫어도 몸에 좋은 건 억지로라도 많이 먹어 둬야 하는 법이야. 알았지?"

그러자 성주가 이유도 없이 화를 냈다.

"야, 엄마처럼 굴지 마. 그렇게 좋으면 너나 실컷 먹고 더 뚱뚱해져라, 이 지겨운 웬수 덩어리야."

갑자기 날아온 주먹에 세게 얻어맞은 것처럼 정신이 번쩍 들었다. 원래 말이 거친 아이인 것은 잘 알지만 애리에게 하는 말은 가슴을 쿵 내려앉게 한다. 된장국 속으로 애리 눈물이 뚝 떨어졌다. 내 눈에서도 불이 나는 것 같았다.

성주가 나를 힐끔 보더니 짜증스런 목소리로 말했다.

"아이 씨, 장난으로 한 말에도 삐치냐?"

밥을 먹으면서 지켜보던 담임이 말했다.

"성주, 애리에게 사과해라."

성주가 담임을 노려보았다.

"내 말 안 들려? 사과하라고 했지?"

그러자 성주가 식판을 자기 책상에 쾅 소리 나게 내려놓더니 너무나 억울하다는 표정으로 작게 중얼거렸다.

"미안해 사과할게."

담임도 더 이상 아무 말도 하지 않았다. 혼내 봤자 더 대들기만 할 성주 성격을 잘 알기에 그만하기 다행이라는 표정이었다. 그나마 성주 입에서 사과하는 말이 나온 것도 흔치 않은 일이었으니까 말이다. 크게 터질 일이었지만 그쯤 마무리가 되고 아무 일도 없었다는 듯이 아이들은 다시 밥을 먹기 시작했다.

'애리가 얼마나 저를 좋아하는지 뻔히 다 알면서 말야. 사람의 마음을 저렇게 다치게 하다니.'

그런 성주의 여자 친구라는 사실이 치욕스러웠다. 그런데 그때였다. 와장창 소리가 나더니 다 먹은 식판을 내려 가던 애리가 넘어졌고, 식판의 남은 반찬과 밥이 뒤섞여 쏟아져 있었다. 아직도 분이 남아 있던 성주가 지나가는 애리 발을 걸어 넘어뜨린 것이다. 담임은 양치질을 하러 가고 없었다.

"앞을 보고 잘 가야지."

성주는 빙글빙글 웃으며 영웅이라도 된 듯이 큰소리였다. 따라 웃는 아이들도 있었다. 내 마음속에서는 무언가 부글부글 끓기 시작했다. 밥을 먹는 손이 떨렸다. 그런데 성주는 태연하게 밥을 다 먹고는 좋아하는 닭갈비를 한번 더 받아먹었다.

이제는 모든 것이 확실해졌다. 지금이라도 늦지 않았다면 대답해 주고 싶다. "네가 주는 젓가락 과자 따위는 필요 없어."라고 말이다. 하지만 나는 그럴 용기가 없다. 귀에 구멍을 하나 더 뚫어야 하는 걸까?

내 단짝 애리는 자기 자리에서 엎드려 울기 시작했다. 오늘 성주 때문에 두 번이나 우는 것이다. 아이들은 성주 눈치를 보느라고 아무도 애리가 흘린 밥을 치우지 않았다. 성주는 담임이 오면 애리에게 모든 상황을 덮어씌울 것이다. 충분히 그러고도 남을 애다.

그런데 그때 나의 특별한 청소년인 그 애가 조용히 일어섰다. 그러고는 교실 뒤 사물함으로 가더니 자기 화장지를 꺼내 왔다. 그 애는 바닥이랑 애리 책상에 쏟아진 국물을 닦아 주기 시작했다. 성주가 째려보았지만 그 애는 그냥 묵묵히 자기 일만 했다. 그러자 애리가 비로소 울음을 멈췄다.

그 애의 그런 행동을 보고 있으니 온 세상이 멈춰 버린 것 같다. 나는 벌떡 일어나 화장실로 갔다. 얼굴이 화끈거려 찬 물로 세수를 했다. 거울 속 부어오른 귓불이 빨갛게 보였다. 그러자 가슴 가득 무언가가 차오르더니 흘러넘치기 시작했다.

나는 그대로 바람처럼 달려 교실로 갔다. 그러고는 성주의 과자 상자를 집어 들었다. 둘러싸인 아이들에게 카드 마술을 보여 주고 있던 박성주가 기대에 찬 얼굴로 나를 보았다.

나는 과자 상자를 그 애의 책상에 던지며 말했다.

"이까짓 것 난 필요 없으니까 도로 가져가."

그런데 아차, 젓가락 과자가 와르르 교실 바닥으로 쏟아져 버렸다. 순간 성주 얼굴이 무섭게 일그러졌다. "으아악" 하고 괴성을 지르더니 주먹을 들어 날 칠 듯이 노려보았다. 나도 모르게 두 손으로 부어오른 귀부터 막았다. 다행히도 그때 담임이 들어왔다. 아이들이 자기 자리로 가 앉았다.

담임이 소리쳤다.

"누가 젓가락 과자를 학교에 가져온 거야. 가지고 있는 것도 하나도 빠짐없이 다 이리 가져와."

그러자 애리가 벌떡 일어나더니 자기의 젓가락 과자를 담임에게 자진 반납했다. 성주에게 주기 위해 샀던 바로 그 과자였다. 자리로 돌아오는 애리의 눈빛은 유난히도 빛났다. 소중한 내 과자도 빼앗기고 말았다.

그날 5교시 내내 우리는 담임에게 벌을 받았다. 손들고 책상 위에 무릎 꿇고 앉기부터 시작해서 머리에 손 얹고 앉았다 일어났다를 백 번이나 했다. 벌을 받고 나자 온몸이 다 후들후들 떨렸다.

담임은 수업도 하지 않고 내내 잔소리만 해 대다가 겨우 우리를 풀어 줬다. 요란하기만 하고 아무 실속 없던 젓가락 데이가 끝나가는 것이다.

교문을 나서면서 애리가 나를 보고 억울하다는 듯이 말했다.

"야, 너는 그냥 박성주 그 자식이랑 절교만 하지 아까운 과자는 왜 도로 다 돌려줬냐? 괜히 담임 좋은 일만 시켰잖아."

나는 웃으며 말했다.

"걱정하지 마, 진짜 특별한 거는 안 들키고 남겨 두었거든."

그 순간 내 가슴이 나도 모르게 떨려 오면서 정신없이 두근거리기 시작했다. 주위를 둘러보니 역시 저만치에 나의 특별한 그 애가 서 있다.

그 애 이름은 바로, 강영우다.

아, 이름을 생각하기만 해도 떨린다.

평범하고 조용한 그 아이. 하지만 부드럽고 따뜻한 마음을 가진 그 애가 진짜 내 영웅이다. 나는 얼른 단짝인 애리 손을 꼭 잡았다. 지금이 바로 진정한 용기가 필요한 때 아닐까?

"야, 경은아, 영우가 아까 나 도와줄 때 정말 멋지지 않았냐? 아무래도 영우도 나를 좋아하는 것 같아. 아휴, 쟤는 또 도대체 언제부터 나를 좋아했던 거야?"

애리가 내게 소곤거렸다. 나는 애리에게 눈을 흘겨 준 뒤에 그 애에게 다가갔다. 그리고 가방에서 카드를 꺼내어 내밀었다.

"이거 내가 너 주려고 어제 쓴 거거든. 젓가락 과자는 빼앗겼지만 말야."

그 애가 놀란 듯 편지와 나를 번갈아 보았다. 그리고 빛나는 그 눈빛 속으로 기쁨이 서서히 번져 가더니 고개를 끄덕이면서 내 편지를 받았다. 내 마음을 받아들인 것이다.

'우와, 우와, 만세!'

순간 내 속에서는 수십 개의 폭죽이 펑펑 터지는 것 같았다. 그러더니 양쪽 귓불이 뜨거운 바늘로 찌르는 것처럼 아팠다. 짜릿하고 기분 좋은 아픔이었다.

철이 데리고 수학여행 가기

수학여행 가기 며칠 전.

믿음직스러운 내 남자 친구 철이가 말했다.

"영이야, 수학여행 가서 우리 반 남자 애들이랑 여자 애들이랑 절대 잠자지 말고 밤새도록 신 나게 놀자."

그 말을 듣는 순간 내 마음은 수학여행에 대한 기대로 붕붕 떠오르기 시작했다. 공부도 머리에 들어오지 않았다.

수학여행 가기 이틀 전.

5교시 음악이 끝나고 전통 악기들을 자료실로 가져갈 때 멋진 내 남자 친구 철이가 물었다.

"영이야, 너 수학여행 버스 탈 때 어디 앉을 거야?"

"왜?"

"나랑 같이 맨 뒷자리 앉자고."

"알았어. 생각해 보고."

생각하고 말 것도 없다.

철이 옆에 내가 앉는 것은 당연한 일이니까.

들뜬 내 모습을 본 친구 효주가 한마디 했다.

"야, 너희 둘이서 신혼여행이라도 가는 걸로 착각하지 마."

하지만 나는 착각하고 싶다. 난 나중에 어른이 되면 믿음직스럽고 멋진 내 남자 친구 철이랑 배낭여행을 떠날 꿈도 가지고 있다. 지금은 경주지만 어른이 되면 철이와 함께 몽고로 터키로 스페인으로 날아다닐 것이다.

수학여행 가기 하루 전.

엄마를 졸라 요즘 최고로 유행한다는 웃옷과 바지를 샀다. 그 옷을 입고 거울을 보니 참 멋졌다. 그래서 나는 나를 칭찬해 줬다.

"예쁜걸."

마침내 수학여행 가는 날.

운동장으로 달려가려는 날 엄마가 붙잡았다.

"밥 먹고 가."

하지만 마음이 들떠 제대로 먹을 수가 없었다. 억지로 한 숟가락 먹으면서도 마음은 훌쩍 운동장으로 날아가 있었다.

인사도 하는 둥 마는 둥 하고 현관문을 박차고 운동장으로 달려갔다. 그리고 수많은 아이들 속에서 철이를 찾았다. 하지만 선생님들이 운동장으로 나올 때까지도 철이는 오지 않았다.

"그렇게 시간 맞춰 오라고 했는데 철이 녀석 오늘 같은 날도 지각이야."

아이들을 세어 본 선생님은 화가 나는 듯했다. 이럴 때는 얼른 반장인 내가 나서야 한다.

"선생님, 제가 철이 휴대폰으로 전화해 볼게요."

"그래 영이, 네가 전화 좀 해 봐라."

그때 저만치 철이가 허겁지겁 뛰어오고 있었다.

"밥 먹고 오느라고 늦었어요. 헉헉."

"다른 애들은 밥 먹고도 일찍 왔는데 왜 너만 밥 먹었다고 지각이니?"

선생님 꾸중에도 철이는 아랑곳하지 않고 내게 손을 흔들며 반가워했다. 물론 나도 반갑게 손을 흔들었다.

수학여행 가서 지킬 일에 대한 교장 선생님의 기나긴 당부 말씀이 끝나고 드디어 버스에 올라탔다. 철이랑 나는 '맨 뒷자리에서 만나.' 하는 눈빛을 서로 나누었다. 하지만 차에 먼저 타 있던 선생님은 통로에 버티고 서서 말했다.

"여자는 오른쪽, 남자는 왼쪽. 키 순서대로 앉고 맨 뒷자리는 비워 둬라."

좋다가 말았다. 키가 작은 나는 앞자리고 키가 큰 철이는 뒤쪽에

앉게 되어 우리는 견우 직녀처럼 떨어지고 말았다.

  그런데 아이들이 자리에 다 앉자 선생님은 차에서 내려가더니 교장 선생님을 모시고 올라오는 것이었다. 알고 보니 교장 선생님도 같이 가시는데 하필이면 1반인 우리 반 차에 타신다고 했다.

  교장 선생님은 내 앞자리에 우리 선생님과 함께 앉으셨다. 경주에 갈 때까지 꼼짝도 할 수 없게 생겼다. 드디어 차가 서서히 운동장을 벗어났다. 들뜬 아이들은 차창 밖을 향해 손을 흔들었다.

  선생님이 차 안에서 지킬 점을 이야기하더니 마이크를 교장 선생님에게 드렸다.

  "아까 다 말했는데 또 말하라고?"

  교장 선생님은 그래도 워낙 마이크를 좋아하는 분이라 얼른 받아 들더니 벌떡 일어났다. 한참을 '훅훅'거리고 '툭툭' 두드리더니 수학여행 가서 지킬 점을 끝도 없이 말씀하셨다. 말씀하실 때마다 짙은 눈썹이 마구 꿈틀거렸다. 좀 무서웠다.

  "아휴. 극기 훈련 가는 느낌이야."

  내 짝 효주가 소곤거렸다.

  슬며시 뒤를 돌아보니 철이는 교장 선생님 말씀은 듣지도 않고 벌써 가방 속 과자들을 줄줄이 꺼내 우물거리고 들이키고 있다.

  아침 먹느라고 늦게 왔다면서 뭘 저렇게 또 먹어 대는지 달려가

확인해 보고 싶었지만, 잠자코 자리에 앉아 있을 수밖에 없었다. 철이는 첫 번째 휴게소에 도착하자 오징어와 군 감자와 떡볶이를 먹고, 두 번째 휴게소에서는 도시락을 먹은 뒤 어묵과 과자와 커피까지도 마셨다. 그리고 세 번째 휴게소에서는 아이스크림이랑 호두과자를 사 먹는 것까지는 보았는데 차에 타지는 않았다.

반장인 내가 먼저 세어 보고 선생님이 아무리 다시 확인해 봐도 철이가 안 보였다.

교장 선생님은 못마땅하다는 듯이 중얼거렸다.

"쯧, 요즘 애들은 시간관념이 없어서 탈이야."

선생님이 얼른 남자 애들 몇을 밖으로 내보내려 하는데 철이가 음료수를 양손에 들고 허겁지겁 나타났다. 철이는 내게 눈짓으로 '너 주려고 음료수 사느라고 늦었다.'고 했다.

"너 진짜, 이번에는 또 왜 이렇게 늦은 거니?"

선생님이 묻자 철이는 나를 한번 보고 음료수를 한번 보고 교장 선생님을 한번 보더니 말했다.

"교장 선생님 드시라고 사 왔어요. 선생님도요."

"아이구 이걸 사 오느라고 늦었구나. 네 이름이 뭐냐?"

교장 선생님은 음료수를 맛있게 다 들이키시고는 또 이렇게 말하셨다.

"요즘 애들답지 않게 어른 생각할 줄도 알고 기특하구만."
그리고 마침내 우리는 경주에 도착했다.

처음 간 곳은 포석정이라는 곳이었다. 오래된 나무들이 아름다운 그곳에서 졸업 사진에 들어갈 단체 사진을 찍고 경주 국립박물관으로 갔다.

그 안에는 값나가는 보물들이 가득했다. 철이와 나는 사이좋게 박물관을 구경했다. 옛날 왕과 왕비의 금관이랑 귀걸이는 지금 내가 치장해도 멋져 보일 만큼 아름답고 뛰어났다. 그리고 밖으로 나와 뜰에서 단체 사진을 찍고 다시 차에 타고 남산을 향했다.

차에서 내린 우리는 바위 사이로 난 길을 따라 단풍을 구경하며 부지런히 올라갔다. 오르는 길에 철이가 내 손을 잡아 주기도 했다. 그래서인지 하나도 힘들지 않았다. 드디어 정상에 올랐다. 경주 시내가 한눈에 다 보였다.

그곳에서 단체 사진을 찍고 나자 선생님이 말했다.
"내려갈 때는 길이 여러 갈래니까 조심해서 잘 따라와야 한다."
하지만 나는 염려 없었다. 내 옆에는 철이가 있으니까 말이다. 철이와 나는 서로 사진을 찍어 주기도 하고 먹을 걸 나눠 먹기도 하다가 조금 늦게 내려가기 시작했다.

잔뜩 쌓인 낙엽을 밟으니 즐거웠다. 우리는 단풍 구경도 하고 이야기도 나누며 천천히 걸었다. 그런데 한참 가다 보니 길이 조금 이상했다. 앞에 가는 아이들도 줄어든 것 같았다. 탑을 지나자 두 갈래 길이 나왔다.

"야, 이 길 맞아?"

"걱정하지 마. 내가 내려가는 길을 잘 아니까 나만 따라와."

철이는 큰소리를 치며 앞장서 걸어갔다. 그러자 다른 아이들은 어쩔까 망설이는 눈치였다. 난 주저하지 않고 믿음직스런 내 남자 친구를 따랐다. 그러자 아이들도 함께 따라왔다.

하지만 길은 점점 낯설어졌고 사람들이라고는 우리 학교 애들 몇 밖에 보이지 않았다. 그 중에서도 우리 반은 철이와 나뿐이다. 아무리 내려가도 넓은 길은 나오지 않았다. 나는 별로 겁이 나지 않는데 철이는 조바심을 내기 시작했다.

"이상하다. 아까 분명히 올라가던 길로 그대로 내려온 것 같은데. 애들도 못 만나고 집에도 못 가면 어쩌지?"

철이는 겁에 질린 표정으로 말했다. 금방이라도 울음을 터뜨릴 듯했다. 그 모습을 보니 웃음이 나올 것 같았다.

"걱정하지 마. 통화만 하면 금방 찾을 수 있을 거야."

나는 철이를 안심시키면서 속으로는 '믿음직스럽고 멋진 철이'에서 '믿음직스럽고'란 부분을 다시 생각해 보기로 했다. 아이들이 휴대폰을 꺼내 친구들과 선생님들에게 전화를 하기 시작했지만 잘 연결되지 않았다. 그때 마침 지나가던 아저씨들이 있었다.

"남산이 원래 골짜기가 많아서 길 잃기 쉽지."

남산에는 무려 사십여 개의 등성이와 골짜기가 넓게 퍼져 있다고 했다. 아저씨들을 따라 마침내 산에서 내려온 우리는 차를 찾아보았지만 보이지 않았다. 그때 철이 휴대폰으로 전화가 왔다. 우리 선생님이 한 전화였다. 우리가 있는 곳을 알려 드렸더니 한참 있다가 버스가 우리 있는 곳으로 왔다.

"둘이 진짜 속 썩이네."

선생님은 차에 올라타는 우리에게 말씀하셨고 나는 어린애 같은 행동을 한 것 같아 부끄러웠다. 그런데 차에 있던 아이들은 휘파람을 불며 박수를 쳤다. 철이는 의기양양하게 브이 자를 만들어 보이며 무슨 개선장군처럼 소리쳤다.

"화랑도 정신 좀 익히느라 늦었다."

우리가 이틀 동안 머물 곳은 산 중턱의 유스호스텔이었다. 높은 산 아래 커다란 건물들과 운동장이 마치 대학 건물처럼 넓게 자리 잡고 있었다. 우리 학교 아이들은 언덕 위에 방갈로처럼 지어진 여러 채의 건물에 머물게 되었다. 철이랑 남자 애들이 있는 건물까지

가려면 요란한 소리를 내는 자갈이 잔뜩 깔린 마당을 지나야 한다.

우리는 정해진 방에 들어가 가방을 풀었다. 그리고 저녁을 먹기 위해 아래 운동장 옆 식당 건물에 들어서자 벌써 와 있는 철이가 보였다. 힐끗 보니 밥이랑 반찬을 엄청나게도 많이 받아 놓고는 먹느라 정신이 없다. 하여간 먹는 거 하나는 잘한다. 학교에서도 잘 먹긴 하지만 저렇게까지 잘 먹는 줄은 정말 몰랐다.

'아까 남산을 헤매고 다니느라 힘이 많이 들었겠지.'

그런데 아무리 봐도 멋지고 믿음직스러워 보이는 모습이 아니다.

밥을 다 먹은 뒤에는 커다란 강당에 모였다. 경주의 문화 유적에 대한 재미있는 영화를 보고 나자 기다리고 기다리던 장기 자랑 시간이 돌아왔다.

나와 우리 반 여자 애들은 여름방학 때부터 연습한 춤을 추었다. 아이들이 소리를 질러 대고 박수와 휘파람 소리가 강당을 가득 메웠다. 내 남자 친구 철이는 카드 마술을 보여 줬다. 카드는 잘 보이지도 않고 저 혼자 웅얼거리다 끝났지만 나는 열심히 박수를 쳤다.

강당의 화려하던 조명이 꺼지고 아이들은 숙소로 돌아왔다. 하지만 아이들의 흥분은 쉽게 가라앉지 않았다. 아마 오늘 밤 자는 아이는 하나도 없을 것이다. 우리는 먼저 씻었다. 그리고 방 청소를 깨끗이 한 뒤 이불을 깔았다. 베개 던지기 놀이를 위해서였다. 베개를 하나씩 들고 돌리다 서로 때리고 던지고 깔깔대고 웃었다. 머리는 엉망으로 흐트러지고 땀이 솟았다.

"다 덤벼."

"아야, 살살해. 좀 봐 주라."

"봐 주는 게 어딨냐?"

그때 갑자기 문이 활짝 열리더니 선생님이 나타났다.

"너희들 왜 안 자고 그래. 정말 이렇게 시끄럽게 할래."

우리는 선생님에게 혼이 나고서야 불을 껐다. 불을 끄고 기다리는 것이다. 남자 애들이 우리 방에 오는 것을…….

어둠 속에서 노는 것은 더 재미있다. 진실게임도 하고 연예인 이야기도 하면서 남자 애들을 기다렸다. 하지만 아무리 기다려도 남자 애들이 오지 않았다. 혹시 선생님에게 붙잡힌 거 아냐?

그래서 우리가 남자 애들 방에 가 보기로 했다.

"그런데 방금 매점으로 커피 사러 가서 보니까 선생님들이 방마다 돌아다니시던데. 걸리면 혼날 거야."

"살금살금 가면 되지. 희망자 따라와."

내 말에 대여섯 명의 아이들이 우르르 일어섰다. 우리는 살그머니 현관문을 열어 보았다. 자갈 마당에는 아무도 없었다. 우리는 숨죽여 자갈 마당을 걸었다. 산 위로 떠오른 달은 얼마나 밝은지 몰랐다. 그 옛날 신라의 갈밤도 이랬겠지.

"같이 가."

"쉿 조용히 해."

우리는 괜히 떨려서 서로를 붙잡으며 재촉하며 걸었다. 자갈 소리는 얼마나 큰지 가슴이 두근거려 터질 것 같았다.

"그냥 뛰어 버리자."

긴장을 참다못한 내가 말했다.

"안 돼, 그러다 선생님들에게 걸리면 큰일 난다고."

"걸릴 때 걸리더라도 난 뛸 거야."

그런데 저쪽에서도 자갈 밟는 소리가 났다. 우리 반 남자 애들이었다. 서로를 확인한 우리는 반가웠다. 남자 애들도 우리 방으로 오는 길이었다.

"우리도 너네 남자들 방으로 가던 중이었어."

"우와, 진짜?"

그때였다. 바로 앞의 매점 문이 벌컥 열리더니 2반 선생님이랑 4반 선생님이 나타났다.

"이놈들 하나도 도망가지 말고 이리 와서 한 줄로 서."

도망칠 수도 없었다. 가슴이 덜컥하고 두 다리가 얼어 버린 것처럼 꼼짝도 하지 않았으니까 말이다. 4반 선생님은 우리에게 토끼뜀

철이 데리고 수학여행 가기

뛰기를 하라고 했다.

경주에 와서 갑자기 토끼가 될 줄은 꿈에도 몰랐다. 아이들은 토끼뜀을 오십 번씩이나 해야 했다. 자갈 밟는 소리가 요란했다.

하늘을 보니 별들이 쏟아져 내릴 것처럼 곯았다. 경주에서의 첫날 밤이다.

나는 옆에 있는 성환이에게 물었다.

"성환아 그런데 철이는 왜 안 보이냐?"

"철이? 아까 장기 자랑 끝나고 방에 오더니 텔레비전 보다가 그냥 잠들어 버리더라."

"뭐어? 진짜? 그럼 깨워서 데려오지 그랬어?"

기가 막혔다. 며칠 전부터 자지 말고 재미있게 놀자고 한 사람이 누군데. 아무리 산에서 길을 잃고 헤매느라 힘이 들었다지만 화가 났다.

"내가 이따 너희 방 갈 테니까 철이 좀 꼭 깨워 놔, 알았지?"

"알았어, 대신 호주도 꼭 함께 와라 알았지?"

그러자 우리를 붙주던 4반 선생님이 엄청나게 크게 소리쳤다.

"만약어 또 돌아다니다 걸리는 놈들 있으면 그때는 토끼뜀 백 번이야."

우리는 각기 헤어져 방으로 돌아왔다. 남아 있던 아이들은 우리를 살아 돌아온 패잔병처럼 따뜻이 맞이해 주었다. 벌써 잠이 든 애들도 있었다. 우리는 잠든 애들 얼굴에 낙서를 했다. 시계는 벌써 두 시를 지나고 있었다. 나는 다시 철이네 방에 가 보기로 했다. 날은 곧 밝을 텐데 수학여행 와서 그냥 잠들기는 너무 억울하다.

"건물 뒤쪽으로는 자갈이 없을 거야."

"한번 확인해 볼까?"

효주랑 내가 살금살금 밖으로 나와 자갈 마당이 아닌 건물 뒤로 돌아갔다. 정말 뒷길은 자갈이 깔려 있지 않았다. 우리는 뒤로 난 창문을 두드렸다.

"얼른 나와 얼른."

방에 있던 아이들 서너 명이 밖으로 나오더니 뒷길로 돌아왔다. 남자 애들 건물까지 단숨에 무사히 뛰어갔다.

"요건 아무도 몰랐을 거야."

철이네 방은 불이 꺼져 있었다. 우리는 뒤쪽 창문을 두드렸다. 그러자 금세 창문이 열리더니 어둠 속에 성환이 얼굴이 나타났다.

"왔냐?"

"남자 애들 잠들었어?"

"아니 안 자고 기다리고 있었어."

"철이는?"

"아휴, 아까부터 아무리 깨워도 끄덕도 안 한다. 애들이 자기 얼굴에 낙서를 잔뜩 했는데도 모르고 잠만 자더라."

"정말이야?"

순간 화가 솟구쳤다. 누구 때문에 잠도 못 자고 이 고생을 하는데 수학여행 와서 하는 일이 먹고 자고 뿐이람. 나는 철이네 건물 앞쪽으로 돌아갔다. 당장 출입문을 열고 들어가 철이를 깨우기 위해서였다. 그런데 현관 문 앞에 엄청나게 큰 사람이 서 있었다. 교장 선생님이었다. 저승사자라도 만난 것처럼 가슴이 쿵 내려앉았다. 대체 교장 선생님은 이 시간에 잠도 안 자고 왜 돌아다니는 걸까?

"넌 몇 반 누구냐? 지금이 몇 시인데 왜 잠도 안 자고 돌아다녀 응?"

아침에 식당에서 만난 철이는 여전히 밥만 먹느라 정신없었다. 미처 지우지 못한 낙서가 얼굴에 울긋불긋 남아 있다. 내 남자 친구 철이는 하나도 멋져 보이지도 믿음직스러워 보이지도 않았다.

'그래 밥이나 많이 먹어라. 잘 먹고 잘 자고 튼튼한 어린이가 되어라.'

나도 더 이상 철이에게 관심을 갖지 않기로 했다.

너른 자갈 마당에는 우리를 태울 버스가 늘어서 있었다. 우리는 어제와 똑같은 기사님이 운전하는 똑같은 차에 올라탔다. 변한 건 아무것도 없었다. 막 여행을 처음 시작하는 것 같다.

"교장 선생님은 왜 안 타냐?"

내가 효주에게 소곤거리자 효주가 선생님에게 물었다.

"선생님, 교장 선생님 안 타세요?"

그러자 우리 선생님이 교장 선생님은 오늘은 4반 차에 타신다고 했다. 다행이다. 교장 선생님은 아직도 내 얼굴을 기억할지도 모른다. 어젯밤에 몇 반 누구냐고 이름까지 물어봤으니까 말이다. 한밤중에 울려 퍼지는 교장 선생님 호통은 얼마나 큰지 아직도 귀가 얼얼하다.

어젯밤 내내 자갈 마당으로, 뒷길로 돌아다니느라 힘이 들어서인지 아침부터 피곤했다. 자리에 앉자마자 그대로 눈을 감아 버리고 말았다. 다른 아이들도 다 자느라고 정신이 없었다. 얼마나 잤을까.

"다 왔다. 내려라."

선생님 말씀에 잠이 깬 우리는 버스에서 내려 어딘지도 모르고 줄줄이 안으로 들어갔다가 줄줄이 나왔다. 천마총이라고 했다. 그리고 또 버스에 타면 잠이 들었다. 첨성대와 불국사를 보고 다시 숙소에 와서 점심을 먹고 나서야 조금 정신이 돌아오는 것 같았다.

오후에는 마지막 견학지인 문무대왕릉에 갔다. 거기 바닷가에서

파도랑 장난치며 놀았다. 그제야 정신이 번쩍 났다. 선생님이 그런 우리를 불러 모으더니 또 단체 사진을 찍었다.

철이는 기어이 내 옆에 서서 사진을 찍더니 소곤거린다.

"영이야, 오늘 밤에는 절대로 자지 말고 재미있게 놀자, 응?"

나는 울화가 치밀었다.

"놀려면 너나 실컷 놀아라."

"아, 미안해, 한번만 봐 주라. 난 왜 그렇게 잠이 많은지 몰라. 우리 아빠가 그러는데 엄마 닮아서 그런다더라. 그런데 엄마는 아빠 닮아서 그런다고 하고. 누굴 닮아 이렇게 잠이 많은지 잘 모르겠다."

철이는 히죽 웃었다. 나도 그만 픽 웃음이 나왔다.

"철이 너 정말 오늘은 안 잘 자신 있어?"

"어, 절대로 죽어도 안 잘 거야, 마지막 날이잖아."

철이 말이 맞다. 오늘 밤은 수학여행의 마지막 밤이다. 반드시 재미있게 놀아야 한다.

"오늘 밤은 내가 너희들 방에 꼭 놀러 갈게. 너희 여자 애들 자지 말고 기다려야 해."

철이는 제발 자기의 죄를 용서해 달라며 비는 시늉까지 했다. 나는 결국 내 남자 친구인 철이를 용서하기로 했다. 오늘 밤 또 한 번 기회의 문이 열린 것이다.

하지만 그날 밤 불꽃놀이가 끝나고 열 시가 조금 지나자 아이들은 대부분 잠이 들어 버렸다. 자갈 마당은 조용했다. 자갈 소리 하나 울리지 않았다. 나도 그만 잠이 들었다. 깊은 잠이었다. 나는 잠결에도 언뜻 자갈 소리가 들리는지 귀를 기울였던 것 같다. 어느 순간 정신이 번쩍 났다.

"잠들면 안 되는데, 자갈 소리가 들리면 철이가 오는데……."

그러다 벌떡 일어났다. 눈이 부셨다. 어느새 날이 밝은 것이다.

기가 막혔다. 너무나 소중한 수학여행 이틀 밤이 그렇게 지나가 버린 것이다. 집으로 돌아오는 차 안에서 교장 선생님이랑 함께 앉으신 우리 선생님이 흐뭇하다는 듯이 말했다.

"간밤에는 애들이 잘 자더라구요."

"해마다 보면 원래 이틀째 되는 밤에는 아이들이 여행에 지쳐서인지 그냥 잘 자요. 몰려오는 잠 앞에 장사는 없는 법이거든."

그토록 마이크 잡고 수학여행 가서 지킬 일은 길게도 얘기해 주시더니 왜 그 사실은 이제야 말해 주시는지. 교장 선생님이 원망스러웠다. 차는 점점 수학여행지에서 멀어지고 있었다. 나는 큰 깨달음을 얻은 사람처럼 중얼거렸다.

"아무래도 다음에 철이랑 배낭여행 가는 거는 다시 생각해 봐야겠어. 철이 데리고 수학여행 가기는 너무 힘들었거든."

그런 내 마음도 모르고 철이는 벌써 잠에 취해 정신없이 자고 있었다.

하나도 믿음직스럽고 멋져 보이지 않았다.

비밀 정원

비밀 정원으로 가는 길을 나는 알고 있다.

골목과 골목 사이, 사람과 사람 사이를 지나 나는 그곳으로 간다.

그러다 활처럼 휘어지는 언덕길을 올라가면 초록 대문이 나오고, 나는 두근거리는 마음으로 비밀 정원에 들어선다. 나만의 비밀 정원으로.

비밀 정원으로 가는 길

비밀 정원에는 작은 둔덕을 중심으로 나무들과 꽃이 피어 있다. 잔디밭에는 의자 모양으로 튀어나온 잔디 의자도 여러 개 만들어져 있다. 하지만 내가 비밀 정원을 좋아하는 진짜 이유는 바로 정원이 품고 있는 시냇물 때문이다. 산에서 끌어 들인 개울에는 물고기도 산다.

나는 감나무 이파리를 따서 풀잎 위 이슬을 모으기 시작한다. 그

렇게 정신없이 이슬 모으기를 하고 있다가 날 부르는 소리를 듣지 못할 때도 있다.

"영지야, 김영지."

우리 반 친구 별이다. 화장지 공장 사장의 딸이면서 바로 이 비밀 정원의 주인이다.

"다 했어?"

"미안해, 기다리게 해서."라는 말도 없이 별이는 앞서 걸어간다. 나는 얼른 뒤따라간다.

길에는 아이들이 별로 없다. 학교 가기에는 아직 이른 시간이지만 우리는 여덟 시까지는 학교에 가야 한다. 삼계초등학교 영광의 합창 단원이니까.

요즘은 유월에 있을 합창 대회 연습이 한창이다. 그때 부를 노래는 〈둥글둥글 친구야〉와 빠른 박자의 행진곡이다. 별이와 내가 합창 단원에 뽑혔을 때는 반 아이들의 부러움을 한 몸에 받았다. 영광의 합창 단원은 아무나 되는 것이 아니니까. 우리 반만 해도 희망자가 일곱 명이나 되었다.

며칠 전 합창부를 지도하는 이현주 선생님한테 노래 시험이라는 걸 보러 갈 때도 무척 떨렸다.

"별이 너는 꼭 될 거야."

아이들은 별이 둘레에 모여들어 응원했다. 내게 모여드는 아이들은 없었다. 하지만 괜찮다. 나는 별이보다 훨씬 더 노래를 잘하는 영지니까.

내 장래 희망은 가수다. 고등학교에 들어가기만 하면 가방을 싸서 집을 나가 가수가 될 길을 찾아볼 생각이다. 물론 식구들에게는 비밀이다.

합창 단원 뽑는 시험 때 내가 부른 노래는 〈섬집 아기〉였다. 그때 하도 노래 연습을 했더니 중학생인 오빠가 시끄럽다고 할 정도였다. 그래도 막상 이현주 선생님 앞에 섰을 때는 손바닥에 땀이 났다. 하필이면 첫 번째로 불러야 했기 때문이다.

하지만 며칠 뒤 담임 선생님이 기뻐하며 알려 줬다. 우리 반에선 별이와 나만 합격했다고. 그땐 얼마나 좋았는지 모른다. 별이도 나처럼 좋았나 보다. 다음 날 별이네 엄마가 당장 합창부 아이들 숫자만큼 빵을 사 가지고 왔으니까.

'영광의 합창단'이라는 별명은 지휘하는 이현주 선생님이 늘 입버릇처럼 하는 말이다.

"읍내 중심 학교의 영광스런 합창 단원답게 우리 모두 열심히 연습합시다."

하지만 영광의 합창단이 된 기쁨은 잠시였고 고된 훈련은 끝없이 이어졌다. 우리는 아침에 여덟 시까지 학교에 가야 했고, 오후에는 다섯 시까지 남아 노래를 부르고 또 불러야 했다. 연습을 하고 나면 늘 배가 고팠다.

그때마다 별이는 투덜거렸다.

"괜히 합창단 한다고 했나 봐. 애들하고 놀지도 못하고."

"맞아. 앵무새처럼 똑같은 노래를 부르고 또 부르고."

나도 함께 불평을 하곤 했다.

그렇게 맞장구를 치지만, 속으로 나는 합창 단원이 된 것이 얼마나 영광스러운지 모른다. 신 나게 노래 부르는 것도 좋고, 연습 뒤에는 간식 먹는 것도 좋고…….

하지만 뭐니 뭐니 해도 좋은 건 날마다 이렇게 별이랑 함께 학교에 가는 것이다. 아침마다 늑장 부리는 별이를 비밀 정원에서 기다리는 것이 정말 좋다.

"비밀 정원은 누가 그렇게 가꾸는 거야?"

교문을 들어서며 별이에게 내가 물었다.

"뭐? 무슨 정원?"

별이가 무슨 소리인지 모르겠다는 듯이 나를 보았다.

"너희 집 정원 말이야. 내가 그렇게 이름 붙였어."

"우와 근사한 이름이다. 난 비밀이라면 뭐든지 좋거든."

"나도 너처럼 그런 정원이 있는 집에서 살았으면 좋겠다."

"하긴 더울 때 개울에 발 담그고 아이스크림 먹으면 진짜 좋긴 하지."

그렇구나, 그런 일도 할 수 있겠구나. 나는 비밀 정원이 더 좋아졌다. 이따 수업 시간에 몰래 비밀 정원에서 할 수 있는 일을 종이에다 적어 봐야겠다.

비밀 정원이 우리 것이라면 얼마나 좋을까? 우리 집은 손바닥만 한 뜰조차도 없는 작은 아파트이다.

"우리도 넓은 정원이 있는 집으로 이사 가자, 별이네처럼."

언젠가 내가 그렇게 말하자 아빠는 대답했다.

"당연하지, 우리도 이사 가야지. 아빠도 그럴 생각이야."

너무 뜻밖의 말에 내가 되물었다.

"정말이야? 언제 갈 건데."

"음, 그게 말이야…… 어디 새로 이사 갈 우리 집 좀 볼까?"

아빠는 얼버무리더 딴청만 피웠다. 그러더니 양손을 가볍게 주먹 쥐어 한쪽 눈에 대더니 망원경 모양을 만들어 들여다보는 시늉을 했다.

"자, 영지야 이게 바로 보이지 않는 것을 볼 수 있는 전설 속의 바로 그, 요술 망원경이다."

아빠는 엄숙한 표정으로 보이지 않는 요술 망원경을 내 눈앞에 들이밀었다.

"봐, 우리 집 정원에 연못 보이지. 거기에 분수도 만들 거야. 덩굴 장미랑 수세미가 잘 자라네."

"치, 그런 게 어디 있어. 순 거짓말이잖아."

엉터리 말에 나는 웃어 버렸다. 아빠는 늘 나를 즐겁게 해 주려고 애쓰지만, 나는 솔직히 부자인 별이네 아빠가 더 부럽다. 가난한 우리 아빠는 늘 보이지 않는 것, 만질 수 없는 것만 주니까 말이다.

"우리 영지 사랑해." 하며 내게 그려 보이곤 하는 사랑 모양도 두 팔을 내려 버리면 그뿐이고, 작년까지도 늘 잠들 무렵이면 해 주던 '사랑하는 따님에게 바치는 잘 자라 뽀뽀'도 아빠가 방에서 나가기도 전에 연기처럼 사라져 버린다.

하지만 별이네 아빠는 정말로 보이는 것들, 만질 수 있는 것들을 줄줄 풀리는 화장지처럼 끝도 없이 사 준다.

좋은 집, 비싼 옷, 예쁜 신발, 검게 반짝이는 피아노, 분홍 침대······.

우리 아빠도 별이네 아빠처럼 사장이라면 좋겠지만 아빠는 보험 회사 영업 사원이다. 보험 안내서와 낡은 계산기 그리고 명함이 잔뜩 든 가죽 가방이 전 재산이다.

"이 땀에 전 가방이 내 보물이야. 이것만 있으면 우리 네 식구 어디 가나 굶기지 않을 자신 있다."

아빠는 큰소리를 치지만 보험 가방 따윈 비밀 정원에 비하면 아무것도 아니다. 내 친구들 아무에게나 한번 물어보자.

"땀에 전 보험 가방 줄까? 개울과 잔디 의자가 있는 비밀 정원 줄까?"

대답은 뻔하다.

솔로는 혼자 부르는 것

음악실은 일 층 맨 끝 교실이다.

아무도 휘젓지 않은 아침 공기가 고인 운동장을 지날 때는 괜히 이상한 장난기가 온몸을 간질인다. '으아아악' 소리를 질러 보고 싶기도 하고, 마구 뛰고 싶기도 하다.

아이들이 모두 모이면 선생님은 지휘봉을 잡는다. 합창단에서 별이와 나는 소프라노다.

> 손을 잡고 빙글빙글 돌아 보고 싶은 둥글둥글 친구야
> 얼싸안고 뒹굴뒹굴 굴러 보고 싶은 둥글둥글 친구야

바람 부는 날엔 언덕에 올라 빨강 노랑 바람개비를
친구 너와 함께 돌리고 싶다 둥근 둥근 네 마음처럼

우리의 노래 소리는 조용한 학교 가득 울려 퍼진다.

그런데 오늘 선생님은 새로운 방법으로 노래를 불러 보자고 했다.

변화를 주기 위해서 합창 중간에 한 사람만 부르는 부분을 넣어 보자고 했다. 선생님은 혼자 부르는 그 아이를 '솔로'라고 한다고 했다.

"그럼 꼭 우리 삼계초등학교가 사계초등학교를 이길 것 같단 말이야."

슬쩍 속마음을 내비친 선생님은 별이 쪽을 보고 말했다.

"누가 할까? 음, 별이가 할까?"

그러더니 선생님은 껍질을 뚫고 마음속까지 들여다보는 눈빛으로 내게 말했다.

"노래 잘하는 영지도 솔로 부분 한번 연습해 볼까?"

순간 겨드랑이에서 날개가 솟구치는 것 같았다. 선생님도 우리 아빠처럼 보이지 않는 것을 볼 수 있는 요술 망원경이라도 있는 걸까? 난 꼭 솔로가 해보고 싶었다.

"너희 두 사람 중에 한 사람을 솔로로 뽑을 거니까 부지런히 연습해 와라."

사흘 뒤 토요일에 솔로를 뽑는다고 했다. 정말 둘 중에 단 한 사람만 뽑아야 한다면 그건 나를 뽑아야 한다. 난 노래 잘하는 영지니까.

솔로에 뽑힌다면 엄마는 비싼 합창복도 기분 좋게 사 주실 거다. 기뻤다. 연습이 끝나고 앞서 걸어가던 별이에게 달려가 팔짱을 꼭 끼었다.

"같이 가, 별이야."

그런데 별이는 기쁘지 않은 것 같았다.

"이제 진짜 놀지도 못하겠다. 엄마가 노래 연습만 하라고 할 거야. 아휴."

난 걱정스레 말해 줬다.

"그럼 좋은 수가 있어. 가서 지금이라도 선생님께 빼 달라고 해 봐. 잘하면 빼 줄지도 몰라."

별이가 나를 빤히 보며 말했다.

"네가 솔로로 뽑히고 싶어서 그러지? 다 알아."

"어떻게 알았어?"

"그렇게는 안 될걸."

"왜 안 되는데?"

"나도 뽑혀야 하니까 그렇지. 요 얌체야."

별이가 내 팔을 으스러지도록 비틀며 말했다. 나는 속마음을 들킨 것이 멋쩍어서 더 크게 비명을 질렀다.

"아야, 아파. 너 정말."

별이는 그네 쪽으로 마구 달아났다.

아빠를 위하여

집 가까이 오자 조급해 견딜 수가 없었다. 집 근처 할인 매장에 나가 시간제로 일하는 엄마가 일찍 와 있었다.

"엄마. 다녀왔습니다."

"응, 왔어?"

엄마는 내일로 다가온 쓰레기 분리수거 준비를 하고 있었다. 신문지는 신문지끼리 페트병은 페트병끼리 플라스틱은 또 플라스틱끼리 모아져 있었다.

거실도 되고 식당도 되고 때로는 손님맞이 방도 되는 내 공부방은 발 디딜 데가 없었다. 게다가 가스레인지 위 압력솥에서 뿜어내는 요란한 칙칙 소리는 좁은 집 안을 정신없이 누비고 다녔다.

"엄마 나 솔로로 뽑혔어."

엄마는 무슨 소리인지 못 알아듣는 눈치다. 나는 압력솥 소리가 못 들어오게 방문을 닫은 다음 자세히 말해 주었다.

"별이랑 내가 우리 합창부에서 혼자 노래하는 부분을 맡게 됐다고."

엄마가 물었다.

"돈 더 내야 하는 거야?"

"그런 건 아니야. 근데 아직 나로 확실히 결정된 것은 아니고 나와 별이 중에 하나만 뽑을 거래. 토요일 날."

"비싼 옷까지 사는데 잘됐네."

저녁에 돌아온 아빠는 또 그 요술 망원경을 꺼내 들더니 말했다.

"어디 보자 우리 영지 노래하는 모습을."

아빠가 깜짝 놀라 소리쳤다.

"아니, 저기 혼자 노래 부르는 새가 누구야? 영지 아냐!"

아빠는 요술 망원경을 탁 내려놓더니 말했다.

"영지야, 축하해. 너로 결정될 것 같구나. 단, 열심히 연습하면 말이야."

아빠는 요술 망원경을 내 눈앞에 들이밀었다. 아빠 손에서는 가죽 냄새가 났다. 하루 종일 들고 다닌 보험 가방에서 나는 냄새.

"난 아무것도 안 보이는데."

"그럴 리가 있나요. 앗, 먼지가 끼었군요. 아, 마이크 시험 중 마이크를 김영지 선수에게 넘기겠습니다. 영지 양, 나오세요."

아빠는 계속 장난을 쳤다.

"영지야, 노래 한번만 불러 봐 응? 우리 딸 노래만 들으면 고달픈 이 인생의 무게가 확 날아갈 것 같아."

"갑자기 무슨 노래를 하라고 그래?"

나는 부끄럽고 멋쩍었다. 아무 데서나 춤도 잘 추고 노래도 곧잘 부르지만 식구들 앞에서는 늘 부끄럽다.

"어허, 영광의 합창단답게 부지런히 연습해야지."

오빠가 한마디 거들었다. 정신이 번쩍 났다.

'그렇지 참, 영광의 합창단.'

이현주 선생님이 영광의 합창단은 어떤 어려움도 이겨 내야 한다고 했다. 오빠가 얼른 옆에 있던 텔레비전 리모컨을 건네주었다.

나는 리모컨을 잡고 정성껏 〈둥글둥글 친구야〉를 불렀다. 옆으로 위로 입을 크게 벌리려고 노력하면서.

귀에 대고 소곤소곤 속삭이고 싶은 둥글둥글 친구야
소리 모아 니나니나 노래하고 싶은 둥글둥글 친구야

열심히 부르다 보니 내가 마치 한 마리 노래하는 새가 된 것 같았다. 오빠는 웃음을 참지 못하겠다는 표정이지만, 아빠 엄마는 감동한 것 같았다.

노래방에서 노래 연습하기

다음 날.

별이처럼 이마가 하얗게 빛나는 별이 엄마가 정원 한쪽 밭에서 손에 축축한 흙을 묻히고 상추를 솎아 내고 있었다.

"영지 왔구나. 노래 연습은 많이 했어?"

"네, 어제 식구들 앞에서 했어요."

별이 엄마는 웃으며 말했다.

"그래? 영지는 노래 잘하니까 조금만 연습해도 되겠지."

별이 엄마는 집 쪽으로 가려다 다시 와서 말했다.

"이따 학교 끝나고 바로 집으로 가니?"

"네."

"그럼 꼭 우리 집에 들렀다 가거라."

왜 들렀다 가라는지 궁금했다. 혹시 보험 들려는 거 아냐?

나는 노래를 흥얼거리며 비밀 정원 여기저기를 돌아다녔다. 마침내 비밀 정원의 진짜 주인이 나올 때까지.

"가자."

별이는 단 한 송이의 꽃과 나무에도 눈길을 주지 않고 말했다. 그날 공부 시간에도 별이네 엄마 말이 자꾸 생각났다.

'왜 오라고 했지? 어쩌면 별이네 엄마는 별이보다 나를 더 좋아하는지도 몰라. 나보고 노래도 잘한다고 하는 걸 보면 말야.'

생각이 꼬리를 물고 이어졌다.

내가 별이네 엄마 딸이 된다면 얼마나 좋을까? 그럼 비밀 정원도 내 것이 되겠지?

단 하루만이라도 비밀 정원의 주인이 되는 날, 그날 아침에는 늦잠을 잘 수 없겠지. 단 하루는 너무 짧으니까. 나는 어둠이 가시자마자 일어나 비밀 정원으로 나갈 거야. 그리고 가장 먼저 할 일은 물푸레나무 옆에서 새처럼 노래를 부르는 일이야.

뜨거운 한낮이 오기 전에 잔디 위를 맨발로 걷는 일도 재미있겠지. 풀 위의 이슬들이 발가락을 흠뻑 적실 테니까. 그러면 선녀처럼 예쁜 별이네 엄마는 내 이마에 입을 맞추며 직접 만든 과자를 주겠지. '별이보다 예쁜 우리 딸 영지.' 하면서.

과자는 개울에 발을 담그고 먹을 거야. 혼자만 먹는다고 물고기들이 약이 오르면 안 되니까 부스러기를 나눠 줘야지.

밤이 되어 따뜻하게 달궈진 바위 위에 누워 하늘의 별들을 세다 보면 비밀 정원에서의 하루는 너무 짧아서 잠이 들 때는 눈물이 나겠지.

마침내 학교가 끝나고 별이랑 함께 초록 대문을 들어섰다. 그러자 별이네 엄마는 정원 구석으로 가더니 상추랑 쑥갓을 솎아 주었다.
"엄마에게 쌈도 싸- 먹고 비벼 드시라고 해라. 아직 연해서 맛있을 거야."
"고맙습니다."
나는 검정 비닐 봉투을 들고 터덜터덜 걸었다.
'난 또 나보고 딸 삼는다고 할 줄 알았네.'
괜히 들떠 지냈다.
일찍 온 아빠는 땀에 전 가방을 내려놓고 손을 깨끗이 씻었다. 우리는 볼록한 볼과 씰룩거리는 입으로 서로에게 눈을 흘기며 상추쌈을 맛있게 먹었다.
아빠는 상추 하나를 집어 탈탈 털면서 물었다.
"영지야, 별이네 아빠 집에 언제 계시던?"
"몰라, 왜?"

"한번 찾아가 보려고. 보험 드시라고."

저녁을 먹은 뒤 아빠가 힘차게 소리쳤다.

"자아, 배도 부르고 힘도 나고 영지 노래 연습해야지. 시험이 내일모레인데."

우리 식구 모두 우르르 몰려간 곳은 사거리의 '팝콘 노래방'이었다. 아빠가 한 시간을 신청했더니 주인이 사십 분이나 더 주었다. 단골손님이라면서.

방으로 들어서자마자 가장 먼저 마이크를 잡은 건 아빠였다. 우리 아빠는 정말 똑똑하다. 노래 책을 안 보고도 척척 번호를 누르니까.

네 곡을 한꺼번에 부른 뒤에야 아빠는 겨우 마이크를 내게 넘겨줬다. 나는 처음에는 얌전하게 〈둥글둥글 친구야〉를 불렀다. 그 다음에는 오빠가 불렀다.

"나는 그냥 안 부를래."

엄마는 번호만 꾹꾹 누르거나 탬버린만 두드렸다.

노래방에 오면 가장 신 나 하는 사람은 아빠다. 그 다음은 물론 내가 잘한다. 내가 노래 부를 때마다 구십 점이 넘었다. 백 점일 때도 있었다.

"우리 영지가 나 닮아서 저렇게 노래를 잘하나 봐."

그런데 아빠가 한마디 더 덧붙였다.

"그래도 가수 한다고 집을 나간다거나 그런 이상한 생각 같은 건 않겠지?"

나는 뜨끔해서 얼른 마이크를 잡았다. 나중에는 목이 아파서 더 이상 부를 수가 없었다. 엄마는 끝날 대쯤에야 딱 한 곡 불렀다. 〈어머니 은혜〉.

노래방에서 나왔을 때는 소낙비가 내리고 있었다. 신이 난 우리 식구는 빗속을 힘차게 달려 집으로 돌아왔다.

함께 노래하는 새

솔로 시험을 보러 가는 날 아침이었다.

학교에 가려는 날 쿨러 세운 아빠는 또 요술 망원경을 꺼내 닦더니 진지하게 들여다보며 말했다.

"어째 이런 일이, 진짜 우리 영지가 뽑혀 버렸네."

"자꾸 놀리지 마."

난 아빠에게 혀를 쏙 내밀고 뛰어나왔지만 기분이 나쁘지는 않았다.

오후에 별이와 나는 이현주 선생님 앞에 섰다. 손바닥에 땀이 나고 떨렸지만 자신 있었다. 별이와 나는 돌아가며 선생님과 합창 단원들 앞에서 〈둥글둥글 친구야〉를 불렀다. 듣던 아이들이 숨죽였다.
 나는 열심히 노래를 불렀다.
 노래를 다 들은 선생님은 반주하는 선생님과 무어라 이야기를 나누셨고, 아이들은 아이들끼리 떠들었다. 별이와 나는 아무 말도 하지 않고 가만히 있었다.
 한참 뒤 이현주 선생님이 말했다.
 "솔로 부분은 영지가 합니다."
 그 말을 듣는 순간, 너무나 기뻤다. 아침에 아빠가 한 말이 맞았다. 정말 요술 망원경이 보이는 걸까?
 그런데 선생님 말이 또 이어졌다.
 "하지만 별이도 탈락은 아니에요. 둘이 함께 솔로 부분을 하기로 합니다."
 나는 둘이 함께 부른다는 것이 무슨 말인지 몰라 어리둥절했다. 혼자 부르는 것이 솔로라고 저번에 분명히 말했는데.
 "영지가 높은 음, 그리고 별이가 낮은 음으로 받쳐 주는 거예요."
 그제야 나는 이해가 갔다.
 그러니까 우리는 이중창을 하는 것이다.
 혼자 우는 새가 아니라, 둘이 함께 우는 새가 된 것이다.

순간 무언가 억울한 느낌이었다.

그날 저녁.

"우리 딸이 나 닮아서 그렇게 노래를 잘하나 봐."

기분이 좋아진 아빠는 저녁에 고기를 구워 먹은 뒤 기념으로 또 노래방에 가자고 했다. 그러나 별이도 함께 뽑혔다는 말에 마늘을 씹던 아빠 표정이 일그러졌다.

나는 화난 목소리로 말했다.

"솔로는 한 사람만 뽑는다고 해 놓고 순 엉터리야."

"……."

다들 아무 말도 하지 않았다.

그러다 아빠가 조금 뒤 밝은 목소리로 말했다.

"그래. 참 잘 됐다. 혼자 노래하는 새보다 둘이 노래하는 새가 더 아름다운 법이거든. 하나도 아닌 두 사람을 뽑아 주셨으니 기쁨이 배가 됐네. 고마운 선생님이시다."

칫, 누가 보험회사 직원 아니랄까 봐 아빠는 갈씀도 잘하신다.

그날 이후 우리는 정말 함께 노래하는 새가 되었다. 늘 하나로 묶인 캐스터네츠처럼 붙어 다녔다. 어떤 때는 노을이 질 때까지 비밀 정원에서 노래 연습을 하기도 했다. 우리의 노래는 트라이앵글 소리처럼 하늘 끝까지 울려 퍼졌다.

그럴 때는 기분이 좋으면서도 가슴이 아파 왔다. 마치 소중한 나만의 것을 빼앗긴 듯한 이 이상한 기분. 만약에 별이가 뽑히고 내가 떨어졌어도 선생님은 내게 낮은 음을 맡겨 주셨을까? 절대 아닐 거란 생각이 들었다.

한 가지쯤 양보해!

며칠 뒤 학교에서 노래 연습이 일찍 끝난 날이었다.

별이와 나는 집에 들렀다가 다시 만나기로 했다. 함께 연습을 하기로 했기 때문이다. 나는 오빠 몰래 비밀 상자에 모아 두었던 돈을 꺼냈다. 합창 대회 날이 얼마 남지 않았다. 별이는 벌써 팝콘 노래방 앞에 와 있었다. 같은 반 친구들인 진하랑 은진이도 나왔다. 둘이서만 노래방에 가는 건 심심했다.

"영지야, 돈 받아 왔어?"

"응, 엄마가 노래 연습해야 한다니까 겨우 허락해 줬어. 음료수 사 먹을 돈도 줬어. 너는?"

"나도 너랑 간다니까 다녀오래."

우리는 지하로 향하는 어두운 계단을 내려갔다.

반짝반짝 돌아가는 색 전등이 기분을 들뜨게 했다. 별이는 형광

빛으로 번뜩이는 하얀 셔츠 때문에 무슨 별처럼 빛나 보였다. 진하가 그 모습을 보고 스리 내어 웃었다. 그러자 입 안의 치아 교정기도 반짝 빛났다.

"별이 너 우주인 같아."

"맞아, 맞아."

모두 일부러 더 크게 웃었다. 웃고 나자 기분이 좋아졌.

내가 먼저 노래를 했다. 나는 좋아하는 가수 언니의 노래를 불렀다. 별이는 또 다른 남자 가수 노래를 불렀다. 우리는 동요도 불렀다. 내 점수는 늘 구십오 점을 넘었고, 별이는 구십 점을 잘 넘기지 못했다. 별이는 약이 오른 눈치였다.

"순 엉터리 점수야."

별이는 화가 나는지 여러 곡을 한꺼번에 불렀고 나랑 같은 구십오 점이 나오자 그제야 마이크를 내게 넘겨주었다. 그런 별이가 얄미웠다.

그 순간 비 온 뒤 솟구쳐 올라오는 독버섯처럼 좋은 생각, 아니 나쁜 생각이 번뜩 떠올랐다.

'별이는 가진 게 많으니까 한 가지쯤 내게 양보해도 될 거야.'

그때부터 나는 절대 마이크를 잡지 않았다. 대신 별이에게 마이크를 자꾸 주었다.

"백 점 될 때까지 계속 불러 봐."

별이는 노래를 부르고 또 불렀다. 무려 열 곡도 넘게 불렀다. 아이들은 탬버린을 힘차게 흔들어 주었고, 나는 손바닥이 얼얼하도록 박수를 쳤다.

지하 노래방에서 나와 보니 벌써 어둑어둑해져 있었다.

"이렇게 노래 연습 열심히 해 보긴 처음이네."

별이가 고장 난 녹음기 소리처럼 갈라진 목소리로 말했다. 이상한 그 소리에 다들 웃었다. 내가 가장 크게 웃었다. 어두워진 거리랑 건물들이 낯설었다. 갑자기 마음이 불안해진 나는 집으로 달려갔다.

다음 날, 부드러운 가루처럼 흩어지는 비가 내렸다. 목덜미 속으로 스며드는 습기가 서늘하고 기분 나쁘게 느껴졌다. 비밀 정원은 어둡고 축축해 보였다. 별이는 아파서 누워 있었다.

"별이가 감기 걸렸나 보다. 곧 합창 대회 날인데."

별이 엄마가 걱정스레 말했다.

별이의 열 오른 얼굴이 온통 빨갰다.

고양이처럼 가르릉거리며 별이가 말했다.

"어제 노래 연습 너무 많이 했나 봐. 그래도 음악 선생님께는 이따 꼭 간다고 전해 줘."

별이 엄마는 따뜻한 꿀물을 내게도 주었다. 아주 달고 맛있었다.

나는 비밀 정원을 지나 혼자 걸어 나왔다. 축축한 검은 가지 사이로 초록 이파리가 그렇게 생생해 보일 수가 없었다. 나뭇가지에서 떨어지는 빗방울이 간지러웠다. 웃음이 나와 참을 수가 없었다.

'아하하 별이가 아프대, 노래를 부를 수가 없대.'

나는 학교로 달려갔다.

"그럼 어쩌나?"

이현주 선생님은 내가 아픈 것도 아닌데 내 얼굴을 빤히 쳐다보며 걱정스런 표정으로 말했다.

"어쩌면 이따 오후 연습에는 참가할지도 모른다고 했어요."

"그래? 다행이다."

하지만 결국 솔로 부분은 나 혼자 해야 했다. 마침내 혼자 우는 새가 된 거다. 나는 높은 가지의 새처럼 씩씩하게 노래를 불렀다.

별이는 연습이 끝날 때쯤 하얀 옷에 빨간 돈도리를 두르고 왔다. 아이들이 별이 주위로 몰려들었다.

"괜찮아?"

"이제 다 나은 거야?"

별이는 웃으며 내게 장난스레 말했다.

"어제 나만 노래 많이 해서 벌 받았나 봐."

"나도 많이 했잖아."

"그런데 영지 너 솔직히 내가 더 아프기를 바랐지? 말해 봐."

내 얼굴이 확 붉어졌다.

"아니야, 얼마나 걱정했다고. 너 정말 그런 소리 할래?"

"후훗, 알아, 장난이야."

이현주 선생님이 다가와 말했다.

"별이 괜찮니?"

"네. 오전에 자고 났더니 조금 나은 거 같아요."

그러자 선생님이 기쁜 표정으로 말했다.

"다행이다. 정말 걱정했는데 대회에는 나갈 수 있겠다. 오늘은 노래 연습하지 말고 푹 쉬어라."

선생님은 별이 우산을 챙겨 내게 주며 말했다.

"영지야 네가 별이 좀 바래다 줘라."

그걸 이제야 알았어?

비가 오는 비밀 정원은 상처 입은 짐승이 웅크리고 있는 것처럼 보였다. 별이네 넓은 집은 텅 비어 있었다.

별이는 엄마 대신 과자랑 마실 것을 챙겨 주었다. 우리는 엎드린 채 학습 만화를 보았다. 별이는 커서 만화가가 되고 싶다고 했다. 나중에 결혼하면 자식들 교과서는 전부 만화 잡지로 만들어 줄 것이라고 했다.

"그럼 공부가 얼마나 재미있겠냐? 난 노래보다는 잡지 보는 게 백 배 더 좋더라."

별이는 언제 아팠냐는 듯이 다시 밝아졌다. 속상했다. 또 노래방 가자고 해야 하나?

그때였다. 별이 엄마에게서 전화가 왔다.

별이는 전화를 끊더니 말했다.

"엄마가 책가방 챙겨서 얼른 집 앞으로 나오래."

"어디 가는데?"

"몰라. 하여간 빨리 나오래."

별이는 자기 방으로 들어가더니 책상 옆의 가방을 도로 멨다. 우리는 빗물이 뚝뚝 떨어지는 비밀 정원을 지나 밖으로 나왔다.

별이는 대문을 쾅 닫더니 열쇠로 비밀 정원을 가뒀다. 그리고는 대문 옆 세 번째와 네 번째 벽돌 사이로 열쇠를 밀어 넣었다. 빗물에 젖은 열쇠가 반짝, 빛나 보였다.

골목길은 보원당 한약방 앞에서 갈라져 있었다. 우리도 그곳에서 헤어졌다. 별이는 가방을 메고 소풍이라도 가듯 손을 흔들며 돌아섰다.

"잘 가. 영지야 내일 학교 함께 가자."

"응, 내일 아침에 만나."

아마도 내일 아침에도 나는 먼저 와서 별이를 기다릴 것이다. 비밀 정원에서…….

그런데 저만치 가던 별이가 다시 나를 소리쳐 불렀다.

"영지야."

나는 뒤돌아보았다.

"왜?"

"실은 네가 나보다 훨씬 더 노래 잘해."

난 우산을 핑그르르 돌려 물방울을 흩뿌리며 말했다.

"그걸 이제야 알았어?"

갇혀 버린 정원

그날 이후 비밀 정원으로 가는 초록 대문은 열리지 않았다. 높은 담 뒤로 영영 갇혀 버린 것이다.

별이는 그 다음 날부터 학교에 오지 않았다. 그 다음 날도 또 다음

날도, 마침내 합창 대회를 나가는 날까지도…….

나는 솔로 부분에서 자신 있게 혼자 노래를 불렀지만 우리 학교는 이 등을 하고 말았다. 일 등은 물론 사계초등학교였다.

"최선을 다했으니 됐지 뭐."

이현주 선생님은 말은 그렇게 하지만 무척 서운한 표정이었다.

오늘만은 아빠의 요술 망원경도 제대로 보지 못했다. 아침에 아빠는 요술 망원경으로 보니 내가 대표로 나가 일 등 상패를 받고 있는 것이 보인다고 했었다.

호숫가 옆 공원에 가서 기념사진을 찍을 때도 마음이 쓸쓸했다. 날은 더웠고 똑같이 맞춰 입은 비싼 합창 단복은 몸에 척척 감기며 달라붙었다.

'별이랑 함께 노래했더라면 일 등 했을지도 몰라.'

별의별 생각이 다 들었다.

별이가 걱정이 되기도 하고, 둘이서 비밀 정원에서 노래하며 놀던 날들이 그리웠다.

'소풍 가듯이 즐겁게 헤어졌는데…….'

여름방학이 다 되도록 별이는 돌아오지 않았다. 별이네 아빠가 하던 화장지 회사가 망해서 별이네 식구는 멀리 도망가 버렸다고 했다. 예쁜 침대도 옷도 그 많은 신발도 비밀 정원까지도 하나도 가져가지 못했다.

"그 집도 미리 우산을 준비해 뒀더라면 비를 맞지 않았을 텐데."

아빠는 보험회사 직원 같은 소리만 한다. 미리 준비하는 우산이라는 건 보험을 들어 둬야 한다는 뜻이다.

하지만 우산은 어쩌면 내가 더 준비했어야 하는지도 모른다.

갑자기 별이와 헤어질 줄은 꿈에도 몰랐다.

미리 마음속 우산을 준비했더라면 이렇게 마음이 온통 젖어 버리지는 않았을 거다. 이제는 영영 들어갈 수 없는 비밀 정원이 그리웠다. 별이도 나도 아주 먼 옛날, 낙원에서 추방된 사람들처럼 비밀 정원에서 쫓겨난 것 같았다.

밤마다 별이 꿈을 꾸는 날이 많았다. 어떤 날은 깨어 보니 볼이 젖어 있었다. 나는 눈물을 닦은 뒤 애써 중얼거렸다.

"잘된 거야. 솔로는 영원히 나야."

숨겨 둔 열쇠

여름방학을 하던 날이었다.

혼자서 학교에서 돌아오는 길이었다. 별이네 집 거친 벽돌담을 손가락 끝으로 줄을 그어 가자니 얼얼하고 아팠다.

철 대문 사이로 비밀 정원은 고요했다. 토끼풀 꽃으로 하얗게 뒤덮인 잔디 언덕은 나를 부르는 것 같았다. 담 주위를 한참 서성였다. 그때 내 머리가 냄비 뚜껑처럼 번쩍 열렸다.

'대문 옆 세 번째와 네 번째 벽돌 사이.'

허겁지겁 벽돌 사이를 더듬었다.

"아, 있어."

나는 탄성을 질렀다. 빛나는 열쇠가 딸려 나왔다.

주위를 두리번거렸다. 대낮의 골목은 쩔쩔 끓는 채 고요했다.

떨리는 손으로 열쇠를 들이밀었다. 그리고 초록 문을 밀었다. 문은 느리게 비명을 지르며 열렸다.

비밀 정원이 거기 있었다. 그대로였다. 아니 꽃은 더 화려해지고 나무 그늘은 짙어졌다. 무성한 풀들 위로 황금빛 하루살이들이 윙윙거리며 날아다녔다.

눈물이 핑 돌았다. 별이랑 올라가 노래 부르던 나무를 보았다. 개울 곁으로 가니 물고기들이 모여들었다.

단 하루만이라도 비밀 정원의 주인이 되고 싶었던 적이 있었다. 꿈이 이뤄진 것이다. 나는 잔디 의자에 앉았다. 푹신하고 좋았다.

"이제 비밀 정원은 내 거야. 그 누구도 **빼앗아** 가지 못해."

그러다 괜히 궁금해졌다.

'문은 잘 잠그고 갔을까? 혹 도둑이 들지 않았을까?'

다행히도 현관문은 단단히 잠겨 있었다. 나는 뒤뜰로 돌아갔다. 별이 방 창문이 조금 열려 있었다. 열린 틈새로 피아노랑 분홍 침대가 보였다. 가슴이 쿵쿵 뛰었다.

나는 창을 닫으려다 도로 열고 방으로 훌쩍 넘어 들어갔다. 집 안은 모든 것이 그대로였다. 만화책이랑 과자 부스러기, 햇살에 빛나는 먼지까지도. 열린 옷장 사이로 줄줄이 걸린 옷들이 보였다.

조심스레 신발을 벗었다. 그러다 거울에 비친 내 모습에 흠칫 놀랐다. 불안하게 빛나는 눈빛이 맘에 들지 않았다. 숨고 싶었다.

나는 별이 방 분홍 침대에 달려가 얼굴을 가리고 엎드려 누웠다.

"여긴 내 방이야. 나는 별이가 된 거고."

주문을 외우듯 중얼거리고 나자 마음이 조금 가라앉는 것 같아 일어나 앉았다. 구석의 검은 피아노가 고요히 나를 바라보고 있었다. 반짝이는 검고 흰 건반을 보자 설렜다.

'딱 한번 만져 보기만 하는 건 괜찮겠지.'

용기를 내어 다가갔다. 막 건반 하나를 누르려는 순간, 책상 위 전화기가 요란하게 울렸다. 나는 깜짝 놀라 그만 낮은 비명을 질렀다.

'어쩌지? 받을까, 말까? 그냥 나가 버릴까?'

끈질기게 울어 대는 전화 앞에서 어쩔 줄 모르다 나도 모르게 수

화기를 들었다.

"…… 여보세요?"

그러자 전화기 저쪽에서 어떤 아주머니가 반갑게 물었다.

"너 별이구나. 별이 맞지? 언제 돌아왔어?"

너무 놀라 머리카락이 곤두서는 것 같았다. 놀란 심장이 목구멍 밖으로 솟구쳐 나오는 것 같았다. 나는 전화기를 던져 버리고 그대로 밖으로 뛰쳐나오고 말았다.

정신없이 골목길을 뛰어가다가 그만 앞으로 고꾸라지고 말았다. 무릎이 깨지고 붉은 피가 줄줄 흘러내렸다. 피를 보자 정신이 번쩍 들었다.

"나는 그냥 나야. 별이가 아니라 영지야."

이제는 확실히 알겠다.

보이지 않는 것들

그리고 며칠 뒤였다.

아침부터 별이네 집 앞에 트럭이 두 대나 멈춰 있었다. 커다란 글씨로 '네모 익스프레스'라고 써 있는 포장 이사 차였다. 어떤 사람이 서서 빨리 짐을 나르라고 재촉하고 있었다. 친척이라고 했다.

그토록 부러워하던 별이의 피아노랑 분홍 촛대도 실려 있었는데 밝은 햇빛 아래 그 가구들은 이상하게도 초라해 보였다. 그 많던 나무들도 꽃들도 흙과 함께 뽑혀진 채 어디론가 실려 가 버렸다.

며칠 뒤 이번에는 모래랑 자갈을 실은 트럭들이 들어오고 사람들이 모여들더니 공사가 시작되었다. 그리고 그곳에는 '꽃그늘 아래'라는 음식점이 들어섰다. 비밀 정원이 있던 자리에는 넓은 주차장이 생기고 차들과 사람들로 가득 찼다.

그 아름답던 비밀 정원이 흔적도 없이 사라져 버린 것이다. 비밀 정원은 내 마음속 비밀로만 남아 있게 된 것이다.

'이젠 필요 없게 되었어.'

나는 그때까지도 가지고 있던 비밀 정원으로 가는 대문의 열쇠를 던져 버렸다. 이제는 보이지 않는 것을 보려면 보이지 않는 것이 필요하니까. 아빠가 보여 주곤 하던 요술 망원경 같은 거 말이다.

비밀 정원이 몹시 그리울 때면 가만히 요술 망원경을 꺼낸다. 그러면 그 안에서 노래하는 두 마리 새가 보인다. 별이와 나다.

나는 가만히 중얼거렸다.

"만질 수도 없고 보이지도 않으니까 영원히 사라지지도 않을 거야."

비밀 정원으로 가는 길을 나는 알고 있다.

골목과 골목 사이, 사람과 사람 사이를 지나면 초록 대문이 나오고, 문이 열리면 거기 꽃이 있고 개울이 있고 내 친구 별이도 있다.

보이지 않지만 다 볼 수 있다.

김옥

아주 어릴 때 전라북도 진안 마이산 아래 깊은 산골을 벗어나 다른 곳으로 이사를 갔습니다.
그런데 시간이 흐를수록 두고 온 맑은 시내, 들판, 골짜기가 사무치도록 그리웠습니다. 밤마다 꿈속에서 산골로 달려가곤 했지요. 떠나온 그곳은 내 마음속 낙원이었습니다.
하지만 오랜 세월이 흐른 뒤 가 보니 그곳은 흔적도 없이 사라져 버렸습니다. 댐이 생기는 바람에 몽땅 물속에 잠겨 버린 것입니다. 잃어버린 낙원에 대한 그리움이 내게 글을 쓰게 하는 것 같습니다.
그동안 쓴 책으로 『학교에 간 개돌이』, 『우리 엄마 데려다 줘』, 『손바닥에 쓴 글씨』, 『축구 생각』, 『불을 가진 아이』, 『준비됐지?』, 『내 동생, 여우』 들이 있습니다.

나오미양

길을 걷다 보면 수많은 청소녀들과 마주치게 됩니다. 우유를 사러 간 슈퍼마켓에서도, 오후의 버스 정류장에서도, 아파트 놀이터 가로등 밑에서도.
어느 날엔가는 문득, 말을 걸어 보고 싶다는 생각이 들었어요.
가슴 뛰게 만드는 남자 친구가 있는지, 자물쇠가 달린 비밀 일기장을 가지고 있는지, 엄마랑 싸우면 속상한 마음을 어떻게 달래는지, 예뻐 보이는 치마의 길이는 어느 정도인지, 누구에게서도 이해받지 못한다고 느낀 때는 언제였는지, 간밤에는 무슨 꿈을 꾸었는지…….
청소 시간 햇빛에 빛나던 교실의 먼지를, 좋아하던 아이의 옆모습을, 배가 아프도록 웃어 대던 쉬는 시간을 기억하며 길에서 마주친 청소녀들에게 말을 걸고 싶었습니다.
수줍게 내민 손을 다정하게 잡아 주세요. 대답은 그걸로 족하답니다.
그동안 그림을 그린 책으로 『성적표』, 『하라바라 괴물의 날』, 『마주 보는 세계사 교실』, 『멋진 녀석들』, 『몬스터 과학』 들이 있습니다.